河合 敦

●●

殿様を襲った「明治」の大事件

扶桑社文庫
0788

はじめに

多くの殿様たちは、二六〇年以上続いた江戸幕府が、まさかあっけなく崩壊するとは夢にも思っていなかったろう。幕末、尊皇攘夷（そんのうじょうい）派と開国派に分かれて争う藩が多かったものの、幕府を倒せると考えた者はいなかったはず。

それが、慶応二年（一八六六）の長州征討で激変する。天下の徳川家が長州一藩に敗れたのだ。結果、将軍・徳川慶喜（よしのぶ）は大政奉還を余儀なくされ、その一月半後の慶応三年十二月九日、数藩のクーデターによる新政府が誕生し、翌月の鳥羽・伏見の戦いで徳川軍を撃破、敗れて朝敵となった慶喜は新政府に無条件降伏（江戸無血開城）してしまった。

同年、新政府は武力（戊辰（ぼしん）戦争）で全国を統一（蝦夷地（えぞち）を除く）すると、あっさり攘夷主義を捨てて開国和親の方針をとり、西洋にならった殖産興業政策を始めた。

こうした激動のなかで、多くの藩が時代に即応できずに混乱を来（きた）した。なかには藩の存亡にかかわる大事件に見舞われた殿様たちがいた。そのあたりのことについて、興味深い事例として、本書では七人の殿様を紹介したい。福岡藩の黒田長溥（くろだながひろ）、仙台藩亘理伊達（わたりだて）氏の伊達邦成（だてくにしげ）、久留米藩の有馬頼咸（ありまよりしげ）、徳島藩家老の稲田邦植（いなだくにたね）、相馬（そうま）中村（なかむら）藩の相馬誠胤、薩摩藩の島津久光、備中松山藩の板倉勝静である。

将軍・慶喜の右腕として活躍した老中・板倉勝静は、国元備中松山がおとなしく恭順しているのにかかわらず、本人は新政府に降ることを潔しとせず、北関東から東北まで転戦し、さらに榎本武揚の旧幕府艦隊に投じて蝦夷地へ入ってしまう。驚いた藩士たちは、必死に殿様の行方を捜し、どうにか蝦夷地から連れ戻したものの、最終的には大幅な減封を受け入れざるを得なかった。

維新期、財政難にあえぐ藩も多く、その対応策として安易な贋金づくりに励む大名家も少なくなかった。新政府は資金調達のため、太政官札という高額の不換紙幣をばらまいていたが、偽札が横行したことで価値は下がる一方だった。これに歯止めをかけるべく、政府は偽札を撲滅しようと決意する。こうして大規模な贋札製造に励んでいた福岡藩がスケープゴートとなってしまうのである。いきなりの摘発に驚いた前藩主の長溥は、薩摩藩の実力者・西郷隆盛の助力を求めるが、結局、福岡藩は政府によって潰されてしまった。同情に堪えない事案である。

なお、まったく別の方法で、財政を好転させ、生き残りに成功した殿様がいた。それが、仙台藩伊達氏の一族であった伊達邦成である。亘理伊達氏は、仙台本藩が新政府に敵対したこともあり、禄のほとんどを収公されてしまった。しかし邦成は、新天地の蝦夷地に希望を見出し、家中とともに同地へ入植し、たいへんな苦労のすえ、見事に開拓事業に成功したのである。

同じく徳島藩の家老・稲田邦植とその家臣たちも蝦夷地へ移住したが、こちらのほうはまったく別の事情からだった。稲田家中は、本藩である徳島藩の扱いに不満をもった。明治になってからも陪臣（ばいしん）として差別され、経済的にも大きな不利益をこうむることがわかったのである。そこで稲田家中は新政府も巻き込んで激しい独立運動を展開していった。すると激怒した徳島藩士たちによって大規模な襲撃を受け、多くの人々が殺傷されてしまった。もはや両者の関係は修復できそうにない。そこで新政府は、打開策として稲田氏に新天地への移封を提示した。残念ながらそうした経緯もあり、稲田家臣団の蝦夷地開拓はうまくいかなかった。

新政府の方針「開国和親」に徹底的にあらがったのが、薩摩藩の島津久光と久留米藩の有馬頼咸であった。尊攘派がつくった新政府は、攘夷の旗をおろし、かつて幕府がかかげていた開国主義に転換した。これは、尊攘の志士に対する明確な裏切りであった。このため保守的な島津久光は、新政府の高官でありながら、たびたび方針の転換を迫っては参議たちを閉口させた。一方、久留米藩は明治三年（一八七〇）に新政府の転覆計画を企てたのである。久光は新政府の大派閥・薩摩出身ということもあり、その言動になんのおとがめもなかったが、久留米藩の頼咸は改易となってしまった。

さて、廃藩後に明治の世の中を震撼（しんかん）させ、大きな話題になったのが、相馬中村藩の相馬誠胤であった。精神病に罹患し、その言動を危険視された誠胤は、座敷牢や病院に隔離されてしまう。だが、「これは前藩主の妾や家令の陰謀だ」と主張し、ついには病院から誠胤を連れ出したのが、旧臣の錦織剛清（にしごりたけきよ）であった。新聞は、錦織の行為を忠臣と讃（たた）えたが、じつは相馬家の財産狙いだった。彼はその後も執拗（しつよう）に相馬家にかかわり続け、ついに亡くなった誠胤の墓を暴いて遺体を解剖する事態にまで発展してしまう。いったいなぜこんなことになってしまったのか、そのあたりは本文を読んでいただければと思う。

これら七人の殿様と家臣たちの騒動は、ほとんど一般には知られていないことが多いので、きっとその真相を知って大いに驚いていただけるのではないかと自負している。

時代の転換期、殿様とその家臣たちがどう大事件に対処していったのか。ぜひ存分に堪能していただければ幸いである。

二〇二二年十二月　河合　敦

殿様を襲った「明治」の大事件◆もくじ

第1章

理は殿様にか家臣にか

板倉勝静

家臣の願いをよそに反新政府を貫き、ついには蝦夷地へ

文政六年（一八二三）～明治二十二年（一八八九）

いたくら かつきよ

●国名　備中国
●居城　松山城
●石高　5万石
●爵位　なし

陸奥白河藩主・松平定永の八男として誕生。備中松山藩主・板倉勝職の養子となり、嘉永2年（1849）に7代藩主となる。幕閣として起用され、15代将軍・徳川慶喜の右腕として活躍。しかし、旧幕府軍が鳥羽・伏見の戦いで敗北すると、各地を転々として榎本武揚率いる旧幕府軍艦隊に身を投じて蝦夷地へ渡り、のちに東京で捕縛され禁錮。明治5年（1872）に赦免され、その後、上野東照宮の祠官に。

備中松山藩（びっちゅうまつやま）

岡山県の一部。もとは天領だったが、元和3年（1617）に池田長幸が入封し立藩するも2代で廃絶。寛永19年（1642）に水谷勝隆が入封。その後、安藤氏、石川氏と藩主が代わり、延享元年（1744）に板倉勝澄が入封。以後、明治まで板倉氏の所領に。明治維新後は高梁藩と改称された。

板倉勝静

慶喜の右腕として活躍

板倉勝静は、七代備中松山藩主である。ただ、板倉家の血筋は継承していない。前藩主・勝職の男子が夭折したので、婿養子となったのである。祖父は寛政の改革で有名な松平定信であった。勝静も聡明な人物で、藩主に就任すると師でもあった山田方谷を登用して藩政改革を断行、数年で財政を好転させている。その手腕が認められ寺社奉行に昇進したが、安政の大獄に反対したので大老の井伊直弼に罷免されてしまう。だが、井伊の死後、老中にまで栄達し、その後は将軍・徳川慶喜から篤く信任され、右腕として京都で活躍した。だが、慶喜は将軍に就任してわずか一年足らずで朝廷に政権を返すことになった（大政奉還）。

松平定信。白河藩3代藩主。徳川吉宗の孫で寛政の改革をおこなった

約二ヵ月後の慶応三年（一八六七）十二月九日、薩摩、土佐、福井など数藩が朝廷でクーデターを起こして王政復古の大号令を発して新政府の樹立を宣言、その夜の小御所会議で慶喜に辞官納地（内大臣の免職と領地の返上）を命じることを決定する。わざと徳川家を挑発し、暴発し

たところを武力で倒そうと考えたのだ。けれど慶喜は、京都から兵を連れておとなしく大坂城へ移り、事態を静観した。

やがて大名たちから慶喜への同情票が集まり始める。おとなしく政権を譲った慶喜に対し、領地を取り上げるとはあまりにむごいというのだ。すると、新政府内で親徳川的な公議政体派（雄藩による議会制を導入し、国家を統治しようとする一派）が力を握り、倒幕派が失脚してしまったのである。その結果、新政府の盟主に慶喜がつくことに内定する。

焦りを覚えた倒幕派の西郷隆盛（さいごうたかもり）は、多くの浪人を江戸に放ち、乱暴狼藉（ろうぜき）を働かせた。結果、激高した佐幕（さばく）派（親幕府派）の庄内藩士や幕臣たちが、浪人の根城だった三田の薩摩藩邸を焼き打ちしたのだ。この情報が大坂城に伝わると、兵たちは興奮して「京都へ攻め入り倒幕派を討て」と騒ぎ立てた。

慶喜は「天皇を擁する薩長軍と戦って朝敵の汚名をこうむりたくない」と

山田方谷。備中松山藩に生まれ、朱子学と陽明学を学ぶ。多くの人々に影響を与え「備中聖人」と呼ばれる

板倉勝静に彼らの沈静化を命じた。しかし勝静は「彼らは上様を殺しても、脱走して京都に攻め込みそうな勢いです」と報告。そこで仕方なく慶喜も、武力行使を厳禁したうえで、慶応四年（一八六八＝明治元年）一月三日、討薩の表（薩摩藩の罪を記し、これを討伐するという弾劾書）を持たせて進軍を許してしまった。かくして京都に入ろうとした旧幕府軍だが、いきなり鳥羽口と伏見口で薩摩・長州藩兵から攻撃を受け、武力衝突に発展した。世にいう鳥羽・伏見の戦いである。

戦いは旧幕府方の大敗に帰した。その要因は、旧幕府軍がまさか薩長から攻撃を仕掛けてくるとは想定しておらず、軍略もなくそのまま京都に入ろうとしたことにあった。明らかな油断だった。また、戦いの最中、薩長側に錦の御旗が立ったことも大きい。これは、朝廷が薩長を官軍（正義の軍）と正式に認めた証拠。逆にいえば、慶喜ら旧幕府軍は朝敵となったわけだ。これにより、淀藩や津藩などが続々と薩長方へ寝返り、日和見を決め込んでいた大名家も雪崩を打って、徳川への敵対姿勢を鮮明にした。

こうして敗兵が大坂城に戻ってくると、慶喜は一月六日の昼間、主たる家臣を大広間に集め、「これから出馬するので、お前たちはその準備をせよ」と宣言。これを聞いた者たちは喜び勇んで持ち場へ戻っていった。ところが、である。その夜、慶喜は側近の板倉勝静、会津藩主の松平容保、桑名藩主の松平定敬など数人を伴い、密かに大坂城から脱走し、そのまま大坂湾から船で江戸へ向かってしまった。部下を見捨てた敵前逃亡であった。

ただ、少なくとも板倉勝静はそう思っていなかった。それは、大坂城から脱出する前に、慶喜が勝静を招き、「事敗れぬる上は、東帰して更に講ずべき手段もあらん」（渋沢栄一著『徳川慶喜公伝４』東洋文庫）と告げたから。あたかも江戸に戻って再挙するような言い方をしたのだ。

もちろん、慶喜はそんなことは考えていなかった。尊王（天皇を敬うこと）の水戸家に生まれた慶喜にとって朝敵の汚名を受けるのは耐え難きこと。だから江戸に逼塞してひたすら新政府に恭順するつもりだった。

後年慶喜は、自分が江戸行きを告げると、勝静らは「東帰再挙の事と信じて、容易に賛成しまゐらせたり」（『前掲書』）と得意げに語っている。

月岡芳年作『徳川治績年間紀事　十五代徳川慶喜公』
船で大坂を脱出する慶喜を描いた

なんともひどい主人だが、勝静は慶喜に巧みに騙され、家臣たちを見捨てて大坂城から単身離脱したのである。幸い勝静は、妻子を前月、京都から大坂城へ撤退するさい、江戸へ赴かせていた。

江戸へ逃げ、さらに日光へ

一月十一日夜、一人密かに品川から上陸した勝静は、川越藩上屋敷に入って事情を話し、馬を借りて自分の邸宅に入った。重臣たちは鳥羽・伏見のことは知っていたが、勝ったという噂だったので、軍資金が入り用で戻ってきたと思ったが、まさかの大敗ということで邸内は大混乱となった。ただ、この時点で勝静は慶喜の再挙を信じていたので、家中では上坂の準備が進められた。けれど、幕臣のなかには「慶喜が江戸に戻ってきてしまったのは、側近の勝静のせいだ」と憤慨する者もあり、備中松山藩では暗殺を警戒して主君の警備を強化している。

一月二十三日、徳川家の人事が一新され、勝海舟や大久保一翁などがトップに立った。彼らは新政府に対する恭順派だった。対して小栗忠順など主戦派はいずれも免職となった。これもすべて慶喜の意志から出たことであった。そして翌二月十二日、慶喜は江戸を出て上野寛永寺の大慈院で謹慎生活を始めてしまう。

　そこで勝静も責任をとって老中を辞したうえ、世嗣（跡継ぎ）の万之進（九歳）に家督を譲って中屋敷で謹慎に入り、一族大名などを通じて朝廷に謝罪書を提出した。ただ、三月になると、新政府軍が江戸近郊にまで迫ってきた。勝静は朝敵となっていたので、場合によっては処刑されるかもしれない。同士であった会津藩主の松平容保や桑名藩主の松平定敬らもすでに江戸から離れていった。

　勝静も家臣のすすめに従って三月九日に江戸から離脱し、七十人の家臣とともに板倉家と縁の深い日光山南照院に入った。そこで謹慎というかたちをとって難を避けたわけだ。同時に、万が一のときを考えて、板倉家では会津藩と連絡をとり合い、危急のさいは会津へ逃れる手はずも整えたという。

家臣が決して書けなかった四文字

　一方、国元備中松山での状況を語っておこう。こちらのほうも混乱を極めた。在国の藩士たちが京都での異変を知ったのは、一月八日、九日あたりのことだった。以後、続々と情報が入ってくる。旧幕府軍が薩長に大敗したこと。主君の勝静が慶喜に従って江戸へ向かってしまったこと。新政府方の長州軍が備中松山藩に迫ってくることなど。こうしたデマや誤報を含む情報に松山藩士たちは大混乱に陥った。

佐藤一斎。美濃国岩村藩出身の儒学者で、一斎が記した『言志四録』は西郷隆盛ら幕末の武士が愛読しただけでなく、現代のビジネスマンにも読み継がれている

山田方谷も隠棲している西方村から急きょ松山に呼び出された。方谷は、松山藩支配下の郷士の家に生まれたが、学問を好み京都に遊学して朱子学を学び、武士に取り立てられ藩校「有終館」の教授となった。その後、京都へ出て陽明学を習得、さらに江戸の佐藤一斎に師事した。帰藩後、有終館の学頭（校長）となり、世嗣・勝静の教育にもあたった。

嘉永二年（一八四九）、勝静は家督を相続したが、当時の備中松山藩は十万両の赤字を抱える状況だった。勝静は師・方谷の知識や才能、人柄を見込んで藩の財政責任者（元締役兼吟味役）に登用した。方谷はおよそ七年で見事に財政を立て直した。勝静が幕府の高官に栄達できたのは、この改革の成功があってのことだった。

戊辰戦争時はすでに隠居していた方谷だったが、家中からは大きな尊敬を集めており、藩の一大事ということで松山城にやってきたのだった。

こうして今後の指針をめぐって会議が開かれたが、話は恭順と主戦で紛々となり、結局、とりあえず敵が襲来したらその目的を問い、そのうえで態度を決しようということになった。この頃、同じ譜代の福山藩が新政府に恭順したという情報が入り、藩内でも恭順派が多数を占めるようになったので、さっそく松山藩首脳部は、福山藩へ使いを送った。

なお、新政府では、慶喜に従って江戸へ逃亡した板倉勝静の官位を剝奪したうえ、朝敵と認定、一月十一日には岡山藩や広島藩に対し備中松山藩の討伐を命じていた。しかしこれより先、新政府方だった岡山藩は、すでに鎮撫のために軍を松山へ派遣していた。まだこの段階で岡山軍は、松山藩が朝敵として政府の追討対象になっていることを把握していなかった。

一方、岡山藩の軍勢が近づいてきたのを知った備中松山藩は、家老格の大石隼雄が朝廷への嘆願書を持参して自藩の寛大な措置を願った。このため岡山藩も新政府にこれを取り次ぐ約束をし、嘆願書の文案を松山藩に示した。どうやら決まった形式があったようだ。

だが、文案のなかに「大逆無道」の文字が含まれていた。これを見た山田方谷は、我が主君は断じて大逆無道ではないと涙を流し、「この四文字を削除していただきたい。それが容れられないのであれば、死んでお詫びする」と大石らに主張した。そこで大石がその旨（むね）を告げたが、岡山藩側は「他藩は同じ文案を提出しているのだから、松山藩だけを特別扱いすることはできぬ」と応じてくれなかった。するとこのとき、大石隼雄が突然、「私もこの四字を書くことはできない」と声を上げて号泣したのである。これに心を打たれた岡山軍の参謀は、国元の藩庁にかけ合い、その文字を「軽挙妄動（けいきょもうどう）」に変える許可を得てくれたのである。

家臣の見事な切腹

だが、十六日に国元から松山藩の追討命令が出たことを知らされた岡山藩の軍勢は、態度を硬化させた。そして、二日後までに城や武器を引き渡せと命じてきたのである。無条件降伏を要求されたわけだ。なんとも屈辱的な措置であったが、大石隼雄は藩士たちを恭順でまとめ、予定どおりに岡山軍を城下・城内に迎え入れ、目録を添えて城内の金穀や武器一切を引き渡した。見事な始末のつけ方であった。

その後、大石は自害しようとしたが、他の家臣たちに押しとどめられた。

ところが翌日、年寄役（執政）の熊田恰（くまたあたか）が百五十八名の兵とともに玉島（現在の倉敷市）の地に戻ってきてしまったのである。この部隊は、勝静とともに大坂城にいた者たちであった。勝静が自分たちを置き去りにして単身江戸へ向かってしまったので、仕方なく松山に戻ってきたのだ。

　藩では、新政府軍に敵対した彼らを玉島の地に謹慎させたが、これを知った岡山藩軍は部隊を移動させて玉島を包囲し、責任者の処刑を要求してきた。松山藩は助命を嘆願したが、許されなかった。これは、岡山藩が冷酷だからではない。戊辰戦争で反新政府側に立った藩について、新政府は家老など誰か一人を責任者として自刃させている。非常にむごいことだが、備中松山藩の場合、熊田がその生け贄とされたわけだ。

備中松山城。天守が現存する山城で、雲海のなかに浮かぶ様子から「天空の山城」としても有名

　事情を聞かされた熊田恰は、「承知した」と即諾し、兵たちの助命嘆願書を川田剛に書かせたのち、静かに主君・勝静のいる東に向かって一礼し、短刀を腹に突き立て横に引き、「よし」と力強く発声。その瞬間、親類で介錯役の熊田大輔が太刀を一閃、見事に自刃を遂げた。

　なお、このとき介錯に用いた刀は、将軍・慶喜が勝静に与えた名刀で、それを熊田恰が主君・勝静から「これを私だと思え」と授けられたものだった。だから熊田は切腹前、「この刀で介錯されるのは本望である」と述べたという。享年四十四だった。

岡山藩主の池田茂政は、潔い熊田恰の最後を知り、「武門の本意左も有るべき事とは申しながら、実に重臣の亀鑑、後進の領袖と、且つ感じ且つ憐み候」（高梁市史編纂委員会編『高梁市史』高梁市）という書付を米二十五俵と金二枚とともに遺族に贈ったという。また、松山藩では、明治三年（一八七〇）、羽黒山に熊田神社を創建、熊田恰を神として祀った。後年、勝静も彼のために碑を建てている。

とにかく行方がわからない勝静

だが、これで備中松山藩の動揺が収まったわけではない。そう、国元の藩士たちの最大の懸念は、江戸に行ったまま戻ってこない藩主・勝静のことであった。まったくもってその動向がわからないのだ。

当時、戊辰戦争の勃発で交通網が寸断され、江戸の情報が入ってこなかった。そこで松山藩庁では、明治元年（一八六八）一月後半に藩士ら数名を直接江戸へ送った。三月末になるとようやく、勝静が日光山で謹慎しているということがわかってきた。国元では、勝静と世嗣の万之進を国元に連れ戻し、謹慎させることに決めた。新政府に恭順姿勢を見せることが大事だと考えたのだ。ところが四月になると、ふたたび勝静の行方がわからなくなってしまった。

それは、宇都宮戦争のせいだった。

四月八日、勝静が謹慎している南照院に、新政府軍の軍監・香川敬三（かがわけいぞう）の使者から「武器を捨てて降伏せよ」という連絡が届いた。激高する藩士たちも多かったが、勝静は彼らをなだめて降伏を決めた。このとき南照院の住職が新政府軍との間で奔走してくれ、勝静主従の命の保証と寛大な措置の約束をとりつけてくれた。こうして勝静ら八名の重臣たちは新政府軍がいる今市宿（いまいちじゅく）に出頭した。四月十日、勝静と重臣らは宇都宮藩へのお預けが決まり、他の家臣たちは壬生（みぶ）藩に預けられることになった。

だが、事件はそれから十日後に勃発した。

江戸無血開城に反発した大鳥圭介（おおとりけいすけ）率いる旧

羽黒神社のなかにある熊田恰を祀った熊田神社。備中松山藩の基礎をつくった初代藩主・水谷勝隆が、ふるさとの出羽国・羽黒神社の祭神を勧請して建立したのが羽黒神社

幕府の陸軍や佐幕派の面々が下総国国府台（現在の千葉県市川市）に集結し、やがて北上して北関東で暴れ始め、ついには宇都宮城に攻めてきたのである。

四月十九日、あえなく宇都宮城は陥落、城主の戸田越前守は館林城へ逃亡した。だが、このとき勝静は、戸田と行動をともにしなかったのである。このあたりの経緯はよくわからないが、もしここで勝静が戸田に従っていれば、備中松山藩の運命は変わっていたかもしれない。

けれど宇都宮城が落城すると、勝静はふたたび日光山に戻ってしまう。するとまもなくして、旧幕府方の大鳥圭介が日光を訪れ、新政府軍との戦いに備えて日光の守りを固め始めた。このとき勝静は、東照宮を血で汚してはならないと諌めたので、彼らは今市に引き上げたという。ただ、何を思ったのか、勝静はその後は旧幕府軍と行動をともにしてしまう。

一方、壬生藩に預けられた約五十名の備中松山藩士たちは主君とは違い、城が落ちてからもおとなしく謹慎を続け、翌五月に壬生藩士に護送されて江戸へ行き、六月には許されて松山に戻っている。

さて、戊辰戦争が始まると、新政府は東北・北越諸藩に対し、朝敵とした会津藩や庄内藩を攻撃するように盛んに催促する。こうしたことに嫌気と怒りを蓄積させた諸藩は、同年五月、三十一藩で奥羽越列藩同盟を結成、新政府に敵対するようになった。同盟軍の拠点は白石城に置かれたが、なんといつのまにか勝静も白石城に入り、同盟軍の参謀となっていたのである。

一方、この頃になると、宇都宮城が落ちたことが国元松山にも聞こえてきた。しかも、落城のさい板倉勝静・万之進父子は討ち捨てられたという驚愕の情報が入ってきた。もちろん誤報だが、驚いた藩の重役たちは真偽を確かめるべく、森岡武右衛門と林賢治を四月末に関東へ派遣した。国元にはその後も、「新政府軍が敗走するさい、勝静は殺害された」とか「宇都宮藩主の戸田越前守と行動をともにして館林にいる」など怪しげな噂が流れている。だが、勝静と日光で別れた約五十名の備中松山藩士たちが江戸に帰着した五月になると、どうやら勝静は、旧幕府脱走軍に投じて東北に向かった可能性が高いことがわかってきた。

これはたいへんまずい。そこで松山藩では、親類大名の上野国（現在の群馬県）安中藩（藩主・板倉勝殷）に探索の協力を求めた。このおり松山藩重役たちは、勝静父子への手紙を託した。

そこには、正月以来、国元は朝廷に恭順し、藩士一同がひたすら謹慎を守っていることを述べたあと、勝静が新政府軍に降伏謝罪し宇都宮城で謹慎したことを知り安堵していたところ、宇都宮戦争で行方不明になり、日光の深山に避難した、会津藩に拉致された、朝廷に離反したなど、さまざまな風説が流れ、藩士たちが大いに動揺していることを記した。

そのうえで、「朝廷御寛典の御内諭もこれあり、追て御父子様御異心これなき事も御憐察に相成候哉に伺はれ候処、又々御嫌疑蒙らせられ候ては所謂千日の功一日に亡び候儀にて、甚だ以て迷惑に存じ奉り候間、何卒早々御決心遊され、或は官軍、或は近隣帰順の藩へ御自訴なされ候へば、直様寛大の御裁許も仰出され、上は御先祖の二百年社稷のため、下は爰元家来数百の人命のため、御孝道御仁心とも相立ち候様、私共泣血懇願奉候」（田村栄太郎著『板倉伊賀守』三元社）としたためている。

「甚だ以て迷惑」という言葉に、藩士たちの思いがよくわかる。国元松山では、城地を新政府軍（岡山藩）に占領され、家臣たちはひたすら謹慎してお家再興を哀願しているのに、藩主父子がこんな状況では改易（取り潰し）されかねない。一刻も早く戻ってほしい。そんな気持ちが勝静への書簡ににじみ出ている。

家臣の願いをよそに、ついに蝦夷地へ

この書簡が勝静の手元に届いたかどうかは不明ながら、勝静としては東北に行って

からは、徹底的に新政府軍と戦う覚悟を固めていた。しかし八月から東北の戦況は悪化し、奥羽越列藩同盟に加わった諸藩は、次々と新政府軍に降伏していった。九月になると勝静は、列藩同盟の盟主である仙台藩の仙台城下に入ったが、すでに仙台藩士の戦意は失せ、急速に降伏に傾いてしまう。このため勝静は、家督を与えた万之進とその側近、老臣の斎藤斎らを国元に返す決意をした。だが、自身は決して新政府軍に降るつもりはなく、なんと榎本武揚（えのもとたけあき）率いる旧幕府艦隊に投じて十月末に蝦夷地（えぞち）へ渡ったのである。

十一月には不確かであったが、十二月になると、勝静の蝦夷行きの確報が松山に届いた。万之進のほうは宮古から銚子に上陸し、江戸に戻ったこともわかったが、いずれにしても勝静の行動は、備中松山藩の死命を制する爆弾になった。

雪が解ける来春になれば、新政府は大挙して蝦夷地へ向かうだろう。そこでもし勝静が新政府軍と矛（ほこ）を交えるようなことになれば、朝廷に楯突く大罪人とされるだろう。勝静という爆弾が爆発する前に、是が非でも本人を蝦夷地から連れ戻さねばならない。そう考えた松山藩首脳部は、年寄役の西郷熊三郎ら数名を現地へ送ることに決めた。

西郷らは、翌明治二年（一八六九）一月下旬にどうにか外国船で箱館に入り、町人の姿に変じて上陸、勝静が滞在している谷地頭（やちがしら）の佐吉宅で対面を果たした。西郷はこれまでの経緯を詳しく語り、勝静に帰国をうながした。

ところが、である。勝静はきっぱりと拒絶したのだ。「旧幕府の反乱軍とともに蝦夷地まで来てしまった以上、降伏謝罪しても無事で済むはずはない。それに、そもそも悪いのは薩長であり、自分は朝敵とされるような非は何一つない」そんなふうにかたくなになっていたのだ。

すると西郷熊三郎は、主君に驚くべき提案をした。外国への亡命である。これなら新政府に降伏する必要はなく、戦死せずにプライドを保つことができる。

だから、西郷の話を聞くと、勝静はあっさりこの提案に同意した。

とはいえ、海外へ行くには大金が必要である。そこで西郷は、資金を調える約束をして、いったん蝦夷地を離れた。このとき勝静は、国元で苦労をかけている師の山田方谷に対し、手紙を書いて西郷に託している。紹介しよう。

「多年別段の教諭に預かり候段忘れ難く候。昨春以来心痛の程万々（ばんばん）察し入り候。当今の次第と相成り遺憾に堪えず候。心事は委細熊三郎へ申し含め置き候間聞き取り給うべく候。老年のところ一層心にかかり候儀、何とも気の毒の至りに候えども、此の上は家名相立ち候様（よう）並びに万之進の進退等の儀、すべてしかるべく尽力指揮致しくれ候様ひたすら頼み入り候」（『高梁市史』）

なお、勝静が降伏するつもりがないことを知った松山藩では、駿河国（現在の静岡県中部）沼津に潜んでいた万之進を自首させることに決め、明治二年二月末、年寄役の斎藤斎らが付き添い、江戸の宇都宮藩邸に出頭した。結果、万之進は駿河台にある宇都宮藩の江戸屋敷にお預けとなった。

海外への亡命案は……

その後、勝静は西郷からの音沙汰を待っていた。おそらく当初は、新政府軍と戦って死ぬつもりであったろうが、西郷がきてからは亡命のこともあるので榎本率いる五稜郭政府にはまったく関与していない。だが、明治二年（一八六九）三月になってもなんの連絡も来なかった。

一方、松山藩では二千両を用立てドイツの武器商人・スネルに渡し、船を箱館に差し向ける手はずが整っていた。ところがなぜかスネルは新潟へ逃げ、箱館へ向かわなかったのである。

四月初旬、いよいよ新政府軍が乙部に上陸、江差を陥落させ、箱館に進撃を始めた。ここにおいて勝静は、旧幕閣の小笠原長行とともに四月二十三日に外国船に乗り込み、戦線から離脱した。ただ、船の人数制限のため、松山藩士は数名しか同乗を許されず、家臣の多くを現地に残すことになった。彼らをはじめ蝦夷地の松山藩士たちは、新選組などに加わって果敢に新政府軍と戦った。

勝静は途中、和船に乗り換えるなどして五月二十日に浦賀から上陸、翌日、密かに菩提寺の駒込吉祥寺に入って家臣や万之進ら妻子との再会を果たした。

勝静は海外へ亡命するつもりだったが、家臣たちの間では「財政不如意のなか、大金を支出できない。寛大な処置が期待できるので、主君には自首していただくべきだ」という意見が強くなっていた。そこで家老の大石が勝静に自訴をすすめたが、案の定、勝静はこれを激しく拒んだ。しかしそれでも家臣たちは説得を続け、ついに二日後、勝静は首を縦に振った。

こうして五月二十六日、西郷熊三郎と平野左門ら備中松山藩の重職が宇都宮藩の江戸屋敷に勝静の自訴状をたずさえて駆け込んだ。だが、ちょうどその頃、勝静の居所に新政府方の兵（熊本藩）が踏み込み、勝静は捕縛されてしまったのだ。昨日、主従たちで盛大な別れの宴を開いたことで、勝静の存在が露見してしまったのである。

ただ、岩倉具視や木戸孝允への働きかけがうまくいき、板倉勝静の自訴願いは新政府に聞き届けられた。なお、ずっと勝静に従っていた辻忠貞は、命と引き換えに主君の罪を軽くしようと、板倉一族の重原藩に「主君がこのようなことになったのは、すべて私の責任なので、私を厳罰に処し、主君に寛大のご沙汰を」と記した嘆願書を持って自首した。

八月、板倉勝静・万之進父子は、死一等を減じられ、親類の安中藩への永預（えいあずけ）（終身禁錮）と決まった。なお備中松山藩は、五万石のうち三万石を削られてしまったものの、四代藩主・板倉勝政（かつまさ）の孫・勝弼（かつすけ）を藩主として家名存続が許された。

寛永4年（1627）藤堂高虎によって創建され、3代将軍・家光が改築した上野東照宮。徳川家康（東照大権現）、徳川吉宗、徳川慶喜を祀る

ただし、勝静父子の反政府的な行動について、責任者を一人差し出すよう新政府から催促された。その責任者となったのは辻忠貞ではなく、高田亘だった。高田は万之進に従っていた藩士だったが、すでに病死していた。松山藩はあえて高田に責任を負わせ、家名断絶としたうえで政府に報告書を提出。政府がこれを受け入れたことで、誰も死なずに済んだのである。

上野東照宮の祠官として生涯を終える

明治五年（一八七二）正月、ようやく勝静は赦免され、それより前に許されていた万之進とともに牛込若宮町に住した。

すでに廃藩置県によって備中松山藩（改称して高梁藩）は消滅していた。ただ、この時点では華族（旧大名）や士族（旧藩士）には政府から家禄（給与）が支給されており、板倉家の当主・勝弼は勝静父子のために家禄の十分の三を支出したという。

なお、家督を相続するさい勝弼は、藩祖を祀る八重籬神社において重臣たちの前で「万之進が戻ってきたときは、必ず家督を譲る」としたためた一書を記した。これを知った勝静は、後顧の憂いをなくすため、その書面を焼き捨てたという。

明治八年四月、久しぶりに勝静が松山に戻ってきた。勝静は師・山田方谷の屋敷を訪ね、三日間、旧交を温めた。

翌々年、勝静は上野東照宮の祠官となり、長くその職を務めた。徳川のために尽くした勝静にとってふさわしい職だといえよう。明治二十二年（一八八九）、板倉勝静は六十七歳の生涯を閉じた。

島津久光

新政府を最も警戒させた藩主ではない男

文化十四年（一八一七）〜明治二十年（一八八七）

しまづ ひさみつ

●国名　薩摩国
●居城　鹿児島城（鶴丸城）
●石高　72万9000石
●爵位　公爵

10代藩主・斉興の三男として生まれる。庶子（側室の子）ながら父に寵愛され、世嗣の兄・斉彬と後継を争うが、お家騒動となり斉興は隠居。斉彬が当主の座につくが、安政5年（1858）に久光の子・忠義が藩主となり、「国父」として実質的に薩摩藩の最高権力者となる。明治維新後も、薩摩藩が維新で果たした役割の大きさや、新政府の高官となった西郷隆盛や大久保利通の元主君の父であることなどに加え、薩摩藩の兵力がどう動くかで情勢が一変しかねず、常にその動向が注目された。

薩摩藩（さつま）

鹿児島県全域と宮崎県南西部。鎌倉時代から島津氏が支配し、江戸時代には外様ながら大藩として存在感を示す。幕府の有力藩弱体化政策のもと宝暦3年（1753）に木曽三川改修を命じられ多くの犠牲者を出し、藩財政悪化をみる。幕末には長州藩とともに明治維新の指導的役割を担った。

島津久光

藩主になれず、国父として権勢を誇る

島津久光（しまづひさみつ）は、本来ならば薩摩藩主になる人であった。

薩摩藩主・斉興（なりおき）の第五子として文化十四年（一八一七）に生まれた久光だが、斉興はこよなく久光の母・側室のお由羅（ゆら）を愛し、どうしても彼女との間に生まれた久光に跡を継がせたいと考えるようになった。だから世嗣（せいし）の斉彬（なりあきら）（斉興の長男）に、いつまで経っても家督を譲らなかった。

嘉永三年（一八五〇）、斉興派と斉彬派の対立が激化、藩主斉興は、斉彬派がお由羅の暗殺を企んだとして彼らを切腹や遠島などに処して徹底的に弾圧した。これをお由羅騒動というが、このとき斉彬派の一部が福岡藩へ逃げ込み、藩主の黒田長溥（くろだながひろ）に支援を求めた。彼が斉彬の大叔父にあたったからだ。

薩摩藩11代藩主・島津斉彬。富国強兵や殖産興業で藩政改革にも貢献し、幕末の名君と呼ばれる。13代将軍・家定の正室・篤姫（天璋院）は斉彬の養女

斉彬派に理解を示した長溥は、幕府の老中・阿部正弘（あべまさひろ）に働きかけ、斉興を隠居させた。このため久光は、藩主になれなかったのである。すで

に久光は三十代半ばの壮年で、しかも学問に秀で剛毅な性格だったから、さぞかし忸怩たる思いだったろう。

しかしそれから七年後の安政五年（一八五八）、兄の斉彬が急死する。このとき「斉彬は久光一派によって毒殺されたのだ」と噂され、斉彬に抜擢された西郷隆盛は、生涯にわたってそれを信じ続けていたという。いずれにせよ、斉彬に息子がいなかったため、久光の子・忠義が藩主となったのである。

結果、まだ十代だった忠義のもとで久光が「国父」と呼ばれ、大きな力を握るようになった。ただ、基本的な政策は故・斉彬のそれを踏襲した。

薩摩藩12代藩主・島津忠義。初名は忠徳で、斉彬歿後、襲封で茂久と改名、維新後に忠義と改めた

とくに生前、斉彬は勅使を奉じて兵を率い、江戸へ行って幕府に改革を迫ろうと考えていた。久光は側近・大久保利通のすすめで、その計画の実行を決意、文久二年（一八六二）にいよいよ上洛することにした。

このとき大久保は、島流しにされていた西郷隆盛を呼び戻すよう久光に提案する。かつて西郷が斉彬の命で京都や江戸で政治活動をしていたので、役に立つと考えたからだった。

こうして戻ってきた西郷は、久光に「斉彬公の遺志を履行するのはすばらしいことですが、薩摩一藩で幕府を改革させるのは困難。計画は中断して時期を待ち、諸藩と連携して動くべきです」と反対したのだ。けれど久光は意志を変えようとしなかった。すると西郷は「この企ては無謀。あなたは斉彬公とは異なり、無位無官のジゴロ（田舎者）なので、斉彬公の代わりが務まるはずもない」と放言したのである。先述のとおり、西郷は斉彬を毒殺したのは久光だと思い込んでいたので、議論が白熱するなかで本音を吐露したのだろう。

このときは顔色に出さなかった久光だが、やがて西郷をふたたび島流しにしてしまった。

新政府の改革に反発する久光

同年、久光は勅使・大原重徳（おおはらしげとみ）を奉じて兵千人とともに江戸へ入って幕府に改革を迫り、これを受諾させた。しかし目的を果たした帰途、東海道の生麦村で行列に割り込んだイギリス人を薩摩藩士が殺傷してしまう（生麦事件）。このため翌年、鹿児島にイギリス艦隊が襲来、薩英戦争が起こり、薩摩軍は善戦したものの城下は火の海となった。以後、攘夷（外国勢力の排除）は不可能だと判断した西郷や大久保が中心となり、天皇を中心とした雄藩連合政権の樹立へ舵を切り、幕府軍が長州藩に敗れた（第二次長州征討）あとは武力倒幕を考えるようになった。

生麦事件当時の生麦村

当初、久光は幕府を武力で倒すことには反対だったが、慶応三年（一八六七）に将軍・慶喜が、久光らの反対を押し切って兵庫の開港を決定するなど強引な対応をとると、ついに武力で徳川を倒すことに同意する。以後、西郷と大久保は倒幕に邁進できるようになったが、逆にいえば、それほど久光は藩内に強い影響力を有していたというわけだ。

慶応三年十月、慶喜が大政奉還をおこなったが、十二月九日、薩摩など数藩が朝廷でクーデターを起こし新政府を樹立。翌年正月、鳥羽・伏見の戦いで旧幕府軍を撃破した新政府は、徳川家を無条件降伏させ、さらに武力で東北・北越地方を制圧、蝦夷地を除いて全国を支配下においた。

久光は鳥羽・伏見の戦いのさい国元にいたが、九州諸藩に使者を派遣して朝廷（新政府）に従うよう要請し、各藩から朝廷に忠義を誓う旨の誓約書を取り、これを英訳させて諸外国に配布したという。

戊辰戦争中、新政府は明治天皇を京都から江戸（東京）に遷座し、以後、ここを政治の拠点とし、五箇条の御誓文を発布して公議世論の尊重や開国和親の方針をとり、欧米列強にならった近代国家を目指すようになった。

だが鹿児島にいた久光は、こうした開明的な新政府の改革に強く反発。このため薩摩藩内では、久光を擁する保守派の力が大きくなっていった。これを危惧したのは新政府の高官になった大久保利通だった。明治二年（一八六九）二月、大久保は勅使の柳原前光を伴ない、勅使の随員というかたちで鹿児島へ赴いた。

何度も薩摩に帰る大久保利通

一方、薩摩藩内でも、門閥層と戊辰戦争で戦った下級藩士との間で対立が起こっており、久光も盛んに家老の小松帯刀や大久保の帰藩を求めていたので、大久保の来訪は好都合だった。

大久保利通。西郷隆盛と同じ町で育ちともに学ぶ。明治維新の立役者であり、西郷隆盛、木戸孝允と並び「維新の三傑」と称される

西郷隆盛。島津斉彬に抜擢されて側近を務め、重要人物との人脈を築き、薩摩藩を倒幕に導いた明治維新の象徴的人物

このとき勅使から久光には、明治天皇の宸翰（実筆の手紙）が与えられた。そこには「速く上京し、朕を助けて、政権を長く維持できるよう力を尽くしてほしい」とあった。このため仕方なく久光は、同月中に鹿児島を発ち、三月三日、京都にいた明治天皇に拝謁、従三位・参議兼左近衛権中将に任じられたのである。その後、天皇は三月七日には東京へ向かったが、これに久光は同行せず、鹿児島へ帰国してしまった。

困ったことに維新第一の功臣であった西郷隆盛も、政府に嫌気が差して鹿児島に帰ってしまう。以後、西郷は藩政改革に力を入れる。

薩摩には一万二千に及ぶ戊辰戦争で活躍した精鋭たちがいた。かたや、新政府には、ほとんど軍事力がなかった。戊辰戦争で戦ったのは各藩の兵であり、戦後は国元に戻ってしまったのだ。さらに各藩でも、薩摩同様軍事改革をおこなっていたので、場合によっては新政府が倒れる恐れも出てきた。

危機感を覚えた大久保は、明治三年（一八七〇）二月、ふたたび鹿児島へ入り、久光と西郷と会って政府への協力を依頼、上京を求めたのである。

大久保を叱責する久光

ところが久光は病気を理由になかなか色よい返事をしない。それでも大久保はあきらめず、九回も面談を重ねた。するとついに本音を吐いた。久光は、政府の西洋を模倣する近代化政策が嫌でたまらなかったのである。大久保の面前で新政府の政策を激しくこき下ろし、さらには大久保本人まで強く叱責する始末だった。

大久保はその日の日記に「御激論に相なり……御不平……じつに愕然（がくぜん）に堪えず」と記すほど大きな衝撃を覚えている。大久保は島津斉彬が死ぬと、権力者である久光に積極的に近づいて側近となり、その権威を背景に藩内で大きな力を握り、西郷とともに政治運動を進めてきた。久光は幕府を倒すことに難色を示したが、これを説得して同

木戸孝允（旧名・桂小五郎）。長州藩出身、尊王攘夷派として活動し薩長同盟を締結。新政府では参議として五箇条の御誓文や廃藩置県などを進める

岩倉具視。公家の家に生まれる。大久保利通と結んで倒幕を計画、王政復古を実現させ、新政府では右大臣に

意させたのは大久保だった。かなりクセの強い久光だったが、最終的には大久保の言うことを理解してくれた。だが、ここにきて国家観が決定的に異なり、それを翻意させられない無力さを大久保は悟ったのである。

そのうえ西郷にも上洛を断られた大久保は、すごすごと東京へ引き返した。

同年九月、薩摩藩は「兵部省に差し出していた兵二千を鹿児島に帰国させたい。また、今後は兵力の供出は免除していただきたい」という願書を差し出してきた。それを許したら貧弱な軍事力しかもたぬ新政府にとっては大きな痛手になる。

山県有朋。長州藩出身で松下村塾に学び、高杉晋作の奇兵隊では軍監を務める。明治政府では陸軍・内務省のトップを歴任し、二度の首相を経験

そこで政府首脳部は、なんとしても久光と西郷を政権に参画させようと考え、上京の勅命を天皇に発してもらい、十一月末に岩倉具視を勅使として、木戸孝允、大久保利通、山県有朋など、政府の実力者が揃って鹿児島へ入った。いかに政府が切羽詰まっていたかがわかるだろう。

勅命ということで、さすがに西郷は東京行きに同意するが、その条件として「自分に政府改革の一切をゆだねる」ことを求めた。

ところが久光は、勅命が出たにもかかわらず、病気を理由に上京を断ったのである。さらに、東京へ出向く西郷に対し「政府は廃藩を考えているようだが、決して同意するなよ」と念を押したと伝えられる。

けれど西郷は、翌明治四年（一八七一）七月、山県有朋から廃藩置県を説得されると、あっさり応じてしまった。こうして薩長を中心としたクーデターにより、廃藩置県が断行されたのである。

これにより、薩摩藩も消滅。すると久光は、「俺は西郷と大久保に騙された」と怒り、ひと晩中、屋敷で花火を打ち上げ続けたという。その後も憤懣(ふんまん)やる方ない様子で、久光はいつも機嫌が悪く、周知の者たちに当たり散らして鬱憤(うっぷん)を晴らすようになった。廃藩を傍観した旧臣たちには会おうとしなくなった。

天皇への意見書

一方で、近代化政策に不満をもつ旧守派の面々が久光の周囲に集まり始めた。

明治四年（一八七一）十二月になると、なんと久光は「私を鹿児島県令にしてほしい」と言い出したのである。廃藩置県後、各県には中央政府から県令が派遣され、県を統治するようになっていた。政府は旧藩の力を弱めるため、原則、他藩出身者を県令とした。

ただ、鹿児島県には当時、県令がおかれておらず、大参事(だいさんじ)の大山綱良(おおやまつなよし)が県政を取り仕切っていた。久光は、自分が県令になれば政府にうるさく上京を迫られないで済むと思ったようだ。

ただ、これはややこしい問題だった。県令の地位は、西郷や大久保のような政府中央の高官よりずっと低い。つまり久光が鹿児島県令になると、主従の立場が逆転してしまうのだ。加えて、久光を県令につけると、当然、「旧藩主を県令にしてほしい」と言い出す旧藩士たちも現れ、地方行政は混乱する。まったくもって困ったことであった。

じつはこのとき政府を率いていたのは西郷隆盛だった。大久保利通や木戸孝允は、岩倉具視を団長とする使節団に加わって欧米を遊歴していた。

困った西郷は、明治天皇に鹿児島へ行幸（ぎょうこう）してもらい、政府の政策に不満をもった久光を慰撫（いぶ）して東京に連れ出そうと計画した。こうして全国巡幸をおこなう名目で、明治天皇は伊勢神宮、大阪、京都、下関、長崎、熊本各地を巡幸し、明治五年六月二十二日、鹿児島にやってきた。

このとき久光は、うやうやしく天皇に謁見したあと、徳大寺実則宮内卿（とくだいじさねつねくないきょう）を通じて十四ヵ条の意見書（項目のみ）と副書（意見書）を奉呈した。

この副書には、恐るべき文言が記されていた。

「突然このような書を差し出して恐縮ですが、このままで万古不易（ばんこふえき）の天皇制が共和政治の悪弊に陥（おちい）り、ついには西洋の属国に成り下がってしまう。じつに痛嘆の至り、やむなくご意見いたします」とあった。

副書の奉呈は予想外の行動だったが、意見書のほうは単なる項目しか書かなかった。そうすれば、当然、天皇から自分に下問があると思ったからだ。そこでしばらく待っていたが、徳大寺に退出を求められてしまう。このため翌日、久光は徳大寺に尋ねたが、「天皇にお目にかけた」と返答しただけで、天皇からはついに返事はもらえなかった。結局、その後も天皇は久光に下問もせず、早々に鹿児島を離れてしまった。

ちなみに鹿児島への行幸のさい、西郷は久光に会わなかった。悪気はなかったという説もあるが、どう考えても尋常ではない。おそらく、会えば久光に罵倒されるのを知っていたからではないか。すると、久光は無礼だと激怒し、東京の三条実美に対し、西郷の態度を批判する書状を差し出した。つまり、明治五年の鹿児島巡幸は、久光を慰撫するどころか、怒りを増幅する結果を招いたのである。

なお、天皇は東京に戻ってすぐの明治五年九月、久光に対し、「お前の意見を詳しく聞きたい」と上京をうながした。しかし久光は「私の差し出した副書について、採用の可否をお伝えいただかねば上京できません」と断り、「もしその内容に疑問があれば、政府のしかるべき要人を鹿児島に派遣してください」と返答した。また、自分との対面を忌避した西郷に対しては、強く帰郷を迫るようになったのだ。

勝海舟が西郷を取り戻す

当時、西郷は留守政府のトップだった。けれどその要求を拒み切れず、仕方なく東京から鹿児島へ出向いた。すると久光は、「鹿児島巡幸のさい顔を見せなかったことについて謝罪状を差し出せ」と西郷に要求したのだ。西郷が大山綱良を通じておとなしく謝罪状をしたためると、ようやく謁見を許したが、その席で西郷の罪を書きつけた詰問状を突きつけたのである。そしてその十四ヵ条を一つひとつ問いただしていった。その概要を記そう。

「島津の家来でありながら、なぜお前は私の許可なく政府の高官になっているのか。政府の高官が高給をむさぼり、ひどい政治をしているのになぜ見過ごしているのか。世の中は商売ばかりに精を出し、士風が衰えているが、それで国威が立つのか。旧藩主の島津忠義がまだ従三位なのに、お前がそれを超える正三位を拝命した訳を言え。戊辰戦争の帰還兵が藩の改革を叫んで秩序を乱したが、裏で煽動したのはお前だな。そもそもなぜ勝手に政府で近代化政策を進めているのか」

　このように詰問状には、西郷個人や政府を罵倒する言葉が並んでいた。久光は、西郷が東京へ戻ることを許さなかった。結果、政府のトップが不在という状況が四ヵ月も続いてしまう。この間、政府内では省庁の軋轢が起こり、政務が混乱し始めた。閉口した三条実美らは、西郷を連れ戻すことにした。このとき派遣されたのが、薩摩出身の吉井友実（幸輔）や海軍大輔の勝海舟だった。

海舟はたぐいまれなる交渉人であり、たちまち相手の心をつかんでしまう。長州征討後の長州藩と幕府との講和、江戸無血開城も勝の功績だった。そんな交渉力を三条や岩倉に期待されたのだろう。

　こうして勝は「お前の意見を聞くので上京せよ」と記された勅書をたずさえ、鹿児島に入った。そして、頑固な久光をどう説得したのか、彼に上京を了承させたのである。かくして明治六年（一八七三）四月、久光は久しぶりに東京へのぼってきた。ただ、引き連れてきた二百五十名の士族たちは、江戸時代とまったく変わらず、チョンマゲに帯刀姿だった。欧米にならった近代化に抵抗しようとする久光の思いがよくわかる。

　東京に着いた久光は、新政府から麝香間祗候（じゃこうのましこう）を命ぜられ、毎月二と八がつく日に参朝することになった。ところが翌六月、久光は先に提出した十四ヵ条の副書（意見書）について、それぞれ詳しい注釈をつけた書を政府に提出した。しかもそれは、またも政府の高官を悩ませる内容だった。

「天皇はとにかく学問を第一となさるべきです。とはいえ、洋学などは単なる技芸ですので、ぜひとも儒教や漢学を専ら（もっぱら）にしていただきたい。洋学はただちに禁止し、さらにキリスト教も厳禁すべきです。また、女学校も廃止してほしい。現在、西洋人が雑居していますが、国際結婚は禁止してください。軍隊では農商出身者ではなく、士族出身者を優遇してほしい。阿諛迎合する天皇の側近はすぐに退け、重厚で木訥な人物を華士族から選んでほしい。西洋の思想や学問がはびこり国が傾こうとしていますので、これをやめていただきたい。洋服を禁止してください。復讐を禁じる西洋の法律をまねるのはおかしいので、ただちに旧法に復していただきたい。華士族の家禄を減らすのもやめていただきたい」

要は、すべて江戸時代に戻せという要求だった。もちろん、近代化をはかる新政府が受け入れられる内容ではなかった。

明治六年の政変で西郷も下野

ところがそのわずか四ヵ月後、新政府は大きな危機に見舞われる。征韓論争が勃発したのだ。開国を拒む朝鮮に対し、武力を用いてでも国を開かせるべきだという論調が留守政府のなかで高まり、西郷みずから朝鮮に遣使に行くことに内定した。しかしヨーロッパから帰国した大久保は内治優先をとなえてこれに強く反対。以後、薩摩出身の西郷と大久保が遣使をめぐって激しく争い、結果的に西郷が敗れ、征韓派の参議の板垣退助や後藤象二郎などが政府を下野、西郷も鹿児島へ帰ってしまったのだ（明治六年の政変）。すると、西郷を慕う鹿児島県士族が続々と東京から帰郷していった。

まさに政府は分裂という激震に見舞われたわけだが、さらに久光まで東京を去ってしまったらたいへんなことになる。そこで政府は、久光を内閣顧問官という顕官（高官）に任じ、引き留めをはかった。だが、翌年二月に江藤新平を首領とした不平士族の乱（佐賀の乱）が起こると、久光は「西郷ら鹿児島県士族のなかに同調者が出ると困るので、人心の安定をはかりたい」と帰郷を申し出た。政府としても、もし西郷率いる薩摩軍が呼応したら、いまの軍事力では到底勝ち目がないので、この申し出を許可することにした。

こうして二月二十日に鹿児島に着いた久光は、すぐに山川温泉にいた西郷を呼び寄せ、「お前が江藤らと通じているという噂があるが本当か」と質し、西郷が否定すると、なんと「ならばすぐに佐賀へ行き乱を鎮めよ」と命じたのである。さすがの西郷も、「いまは政府に軍もあり、私のような隠者が出る幕でございません」と、その命令は固辞して受けなかった。

案の定、佐賀の乱が治まったあとも、「しばらく鹿児島の動向を監視したい」として、久光は東京へは戻ろうとしなかった。困った政府は山岡鉄舟を勅使として派遣し、「国家多事のときだから私の側を離れないでほしい。すみやかに帰京を願う」という勅書を与えた。

政府は六年間で四回も久光のもとに勅使を派遣したのである。いかに久光が政府にとって要注意の気になる存在だったかがよくわかる。

政府のナンバー・ツーになるも暴れる久光

ともあれ、久光はしぶしぶ四月二十一日に東京に戻った。すると、翌二十二日に明治天皇は久光を招き、手づから短刀を与え、労をねぎらった。そして二十七日、いきなり久光を左大臣にすえたのだ。この地位は太政大臣・三条実美に次ぐ政府のナンバー・ツー。岩倉具視の右大臣よりも位が高い。まさに顕官中の顕官といえた。

しかしこれで政府の言いなりになる久光ではなく、その後も問題児であり続けた。

翌五月二十三日にはまたも政府に二十ヵ条の建言書を提出している。その中身は、「洋服を禁止しろ。太陽暦をやめろ。お雇い外国人を雇用するな。学校を洋風にするな。外国人との結婚を認めるな」から始まって、これまでの地租改正や徴兵制度など開明的な政策をことごとく批判し、すべて旧に復することを要求するものであった。まったく彼の考え方は変わっていなかった。

しかも、「私の意見に大久保利通が異議をとなえるようなら、あやつを辞職させてほしい」と記されていた。続いて久光は、大隈重信（おおくましげのぶ）や寺島宗則（てらしまむねのり）といった開明的な政府高官の罷免（ひめん）も求め、代わりに西郷隆盛、板垣退助、副島種臣（そえじまたねおみ）ら下野した征韓派参議の復権を願った。

そう、怒りの矛先（ほこさき）は西郷から欧米にならった殖産興業政策を進める大久保利通に変わったのだ。そこで大久保は、久光のところに二度も出向いて説得を試みようとしたが、話に耳を傾けるどころか、激しく大久保を罵倒した。ショックを受けた大久保は、「久光公の意見は国家の害を生むだけで、とても私は賛成できない」と岩倉に手紙を送り、辞職の意向を明らかにした。いま大久保が政府を去ったら、政権は瓦解してしまう。ゆえに岩倉は、久光の意見を退けることに決めた。これに三条も同意すると、伊藤博文（いとうひろぶみ）と黒田清隆（くろだきよたか）が久光を説得、ようやく意見書を撤回させた。

これでどうにか収まったかと思いきや、十月十九日、今度は明治天皇に建言書を差し出し、自分の意見を撤回させた三条実美の排斥（はいせき）を求めたのである。そこには、「私の意見を天皇に受け入れてもらえないのは三条のせいです。この男には、人々を統率する能力がなく、緩慢で政策も情実に流れ、みなが疑心暗鬼となっています。このままでは政府は瓦解してしまいます」と三条の人格を痛罵（つうば）していた。

しかし明治天皇は、久光を招いて建言書を差し戻し、「三条は維新前より国家に対して功績があり、お前の意見は採用できない」と拒絶した。すると久光は「採用されぬのなら、辞表を提出いたします」と述べた。天皇はこれを引き留めたが、立腹した久光は左大臣を辞し、明治九年（一八七六）四月、鹿児島へ帰っていった。

余生は歴史書の編纂に邁進

こうして嵐のように政府をかき回した久光は、以後、二度と東京へ出てくることはなかった。翌年、西南戦争が勃発する。西郷率いる反乱軍は熊本城を攻め始めた。政府は久光が反乱軍に同調することを非常に恐れ、勅使まで派遣している。

ただ、久光が西郷に呼応することはなく、鹿児島が戦場になる可能性が出ると、桜島に避難し読書三昧の日々を過ごしていたという。結局、鹿児島にあった久光の屋敷は戦火で焼けてしまった。放火したのは政府軍だという。これを知った久光は、軍を指揮する山県有朋や川村純義（かわむらすみよし）に「自分は乱に関係していないのに、政府の兵が私の屋敷に火をつけ、略奪行為をおこなった。こんな犯罪行為をする者は厳罰に処せ」と激しい抗議文を送りつけたのだった。

明治九年（一八七六）から久光は、島津家の修史事業に本格的に乗り出していたが、西南戦争後も、その編纂に余生を費やした。市来四郎（いちきしろう）などが中心になって編纂がおこなわれたが、久光みずからも、古代の六国史に続く続編をつくろうと企て、漢字仮名交じりの『通俗国史』の編纂にあたり、明治十二年に『通俗国史　正編』十九巻二十二冊、明治十六年に『通俗国史　続編』八巻十一冊が完成、その後も死ぬまで続編の編集にあたり続けた。

なお明治十二年、久光は政府から正二位に叙せられ、明治十七年には、最高位の公爵にのぼった。

明治二十年（一八八七）七月、風邪にかかった久光はそれが長引いたものの、九月にようやく回復した。ところが十月五日の夜、にわかに腹痛を訴え発熱、下痢となり、病状は悪化の一途をたどる。この年政府はその功績を讃（たた）え、久光を従一位、さらに大勲位に叙し、菊花大授章を授与した。同年十二月六日、島津久光は七十一歳の生涯を閉じたのである。明治という新時代になっても、西洋化を激しく嫌い、生涯にわたって刀を差し髷を切らずに生活し続けた殿様、島津久光。頑迷とは言いながら、開化していく社会のなかで己の信念を貫いたその生き様は、ある種、敬服に値しよう。

久光が編纂に力を入れた『通俗国史』

相馬誠胤

忠義か、お家乗っ取りか。藩主監禁を軸にした明治の大事件

嘉永五年（一八五二）〜明治二十五年（一八九二）

そうま ともたね

●国名　陸奥国
●居城　相馬中村城
●石高　6万石
●爵位　子爵

相馬中村藩12代藩主・充胤の次男として生まれ、14歳で藩主に。明治2年（1869）の版籍奉還で知藩事となるが、明治4年（1871）の廃藩置県で藩が消滅。慶應義塾で学ぶようになる。明治9年（1876）頃から、言動や行動に異常が見られるようになり、自宅監禁される。これが「相馬騒動」の原因となる。旧藩士が不当な監禁だと訴え、長期間にわたり訴訟合戦に。そのさなか明治25年（1892）に41歳で急逝。

相馬中村藩（そうまなかむら）

福島県の一部。相馬氏は鎌倉時代からこの地を統治しており、関ヶ原の戦い、大坂の陣を経て、江戸時代は外様大名として立藩した。3代藩主の忠胤は譜代の土屋氏からの養子であり、譜代並の扱いを受けるようになる。第7代藩主・尊胤の時代に譜代大名となった。

相馬誠胤

突然相馬家に来訪し、当主を解放せよと迫った男

陸奥国相馬中村藩（六万石）の十三代藩主・相馬誠胤――この人ほど明治になってたびたび世の中を騒がせた殿様はいないだろう。ただし、それは決して本人のせいではない。

錦織剛清という人物が、すべての根本原因であった。

明治十六年（一八八三）の十二月九日、相馬家の家令（華族の家を管理・監督する職）である志賀直道のもとに、一通の手紙が届いた。

「相馬家の一大事件について明日、お尋ねしたいので、邸内の方々に集まっていただきたい」という内容であった。そして翌日、相馬邸に現れたのが、たいへん容姿の整った三十歳ぐらいの男だった。それが、錦織剛清である。

錦織は中村藩の旧臣だといわれるが、その素性はいまだによくわかっていない。ただこの男、二年前に国元の中村から上京し、そのさい数十日間、相馬家の家扶（家令の補佐役）の青田綱三の家に寄寓していた。それがなぜか突然、相馬家に来訪を予告し、にわかに押しかけて一書を差し出してきたのだ。このとき提出された書面には、

「ただちに当主である相馬誠胤の監禁を解き、別邸で療養させせよ。妻の京子とはすぐに離縁させ、身分相応の奥方と愛妾を新たに選べ。親族や職員は、誠胤を監禁したこ

とを謝罪せよ」

そう書かれてあった。当然、これを読んだ志賀たちは、無礼な内容について本人をとがめ、来訪の目的を問うた。しかし錦織はまともに答えず、今度は「誠胤に会わせろ」と言い始め、ようやく夜中になってしぶしぶ帰っていった。ただ、これで終わったわけではない。また翌日、性懲（しょうこ）りもなくやってきて、しつこく誠胤への面会を求めたのである。

ただ、当主の相馬誠胤が屋敷の一室に監禁されていたのは、まぎれもない事実であった。それは、彼が精神に異常を来（きた）したからである。

誠胤の父・充胤。誠胤に家督を譲ったのちも壮年であり、相馬家の実権を握っていた

十四歳で藩主となった若き殿様・誠胤

相馬誠胤は、嘉永五年（一八五二）に藩主・充胤（みちたね）と側室の千代との間に生まれ、七歳のときに世嗣（せいし）となり、慶応元年（一八六五）、十四歳で藩主の地位についた。翌年、松本藩主・戸田光則（とだみつのり）の娘である京子と婚約したが、婚儀の礼をおこなう前

に戊辰戦争が勃発してしまう。この戦争で中村藩は奥羽越列藩同盟に加わったが、さしたる抵抗をしないまま新政府軍に降伏したこともあり、運良く本領は安堵された。

翌年、版籍奉還により知藩事となった誠胤（十七歳）は、ようやく京子と挙式をあげている。しかし二年後の明治四年（一八七一）に廃藩置県のクーデターにより、中村藩は消滅してしまった。知藩事は東京居住を強制されたので、相馬家も拠点を東京に移し、誠胤自身は福沢諭吉が創設した慶應義塾で学ぶようになった。

誠胤の実父・充胤はまだ壮年（四十代半ば）であり、相馬家の実権も彼が握っていた。明治五年、志賀直道（作家・志賀直哉の祖父）が相馬家の家令に就任、家扶には木村精一郎、家従（家扶の次席で庶務を担う）には青田綱三がついた。

廃藩により領地を失った相馬家では、家産を維持・増進すべく積極的に土地を集積したり、豪商に大金をゆだね運用させたりしていたが、明治七年、江戸時代からの豪商であった小野組が破産したことで預けていた莫大な金銭を失ってしまう。ただ、家令である志賀の判断により、小野組から独立した古河市兵衛と手を結び、政府から草倉銅山や足尾銅山の払い下げをしてもらい、その経営を市兵衛にゆだねた。

だが、ちょうどこの頃（明治九年）から、誠胤の言動にしばしば異常が見られるようになってくる。

異常行動が見られる誠胤の監禁願いを提出

妻の京子や侍女にあらぬ疑いをかけ（被害妄想）、厳しく叱責するようになったのだ。さらに症状は悪化していき、刀剣で切腹する仕草を見せたり、腹を立てて職員を殴りつけたりするようになった。さすがに心配した親族や家令たちが医師の診察を受けさせたところ、精神病であるとの診断が下った。

このため相馬家では、誠胤を日光へ保養の旅に送り出したりしたが、帰宅後に病状はますます悪化、幻聴や妄想が高じて妻に暴力をふるったり、包丁を手に取って家人を脅したり、槍で家従を突こうとするようになった。困り果てた相馬家では、ついに明治十二年（一八七九）四月、宮内省華族局に誠胤の監禁願いを提出、その許可を得たうえで屋敷の座敷牢に閉じ込めたのである。残念ながら当時は、現在のように効果的な薬がなく、急性期の症状が見られるときには患者を一室に監禁するしかすべはなかった。

ともあれ、この症状を見るかぎり、誠胤は統合失調症であった可能性が高い。じつは誠胤の母・千代も、同じ病を発症していた。

しかし、発病前の誠胤の人柄を知っている旧臣のなかには、本当に主君が「狂乱」したのかどうかを疑う者たちもいた。一説には、旧臣の多田部純太郎が「家令や妻の京子などが手を結び、相馬家を乗っ取ろうとしているのではないか」というデマを流し、それを聞きつけた錦織が、相馬家に乗り込んできたのではないかといわれている。真偽のほどは定かではないが、多田部は密かに家令の地位を狙っていたが、志賀に奪われてしまったことを恨んでいたとされる。

長きにわたる相馬騒動の幕が上がる

再度、相馬邸に現れた錦織に対し、志賀らは「病気悪化の恐れがあるので、医師から面会謝絶の診断がくだっている」と断固、面会要求をはねつけた。すると錦織は、「お前たちは、きっと後悔することになるぞ」という捨て台詞（ぜりふ）を残して去っていった。

長年にわたり相馬家を悩ませ続けた「相馬騒動」を引き起こした錦織剛清

事実この日、錦織は東京軽罪裁判所に対し、「相馬家の家令たちが、相馬誠胤を不当に監禁している」と告訴したのだ。

こうして、長きにわたる相馬騒動がその幕を開けたのである。

錦織の本当の目的は、おそらく金であったと思われる。この時期、大鉱脈がいくつも発見されたことで、足尾銅山が莫大な利益を上げるようになっていた。

ちなみに錦織は告訴の直後、ふてぶてしくも相馬家と京子の実家・戸田家に対し、膨大な借金を申し込んでいる。もちろん、両家はその要求をはねつけた。

すでに国元にいるときから、錦織の素行はよくなかったとされる。父の義助は十石取りの下級藩士で、徒目付（かちめつけ）を務めていたが失態を犯したことで改易となったという。そうした影響もあったのか、若い頃から錦織は悪い連中とつき合うなど生活がすさんでおり、廃藩置県後に帰農したものの、すぐに農業を断念し、しばらく絵を描いて生計を立てていた。が、その後はある豪商にとり入ってその娘と結婚した。ところが、商家は破綻してしまう。そこで上京を思い立ち、つてを求めて一時期相馬家の家扶である青田綱三の家に寄食していた。繰り返しになるが、おそらくここで家令たちの陰謀による誠胤の監禁という噂を聞き知ったのだろう。

明治の大物政治家たちを味方につけた錦織

一月後の翌明治十七年（一八八四）一月、錦織はふたたび相馬家の家令や家扶を「私擅（しせん）監禁」の罪で告訴した。私擅とは、「私利私欲のために」という意味。どうやら、

満鉄の初代総裁であることがよく知られる後藤新平だが、相馬騒動では錦織剛清に強く肩入れした

この告訴には入れ知恵した者がいたようだ。おそらくそれは、後藤新平だったと思われる。

周知のように後藤新平は、南満洲鉄道（満鉄）総裁や外務・内務大臣などを歴任した大政治家である。ただ、この頃は内務省衛生局の職員（医師）であった。後藤は自由民権運動に傾倒しており、板垣退助が暴漢に襲われた岐阜事件では、現場にいてその治療にあたっている。そうした思考の持ち主だったので、錦織と面会して誠胤の窮状を聞いた後藤は、「人権を無視して自由を拘束しているのはけしからん」と大いに憤慨し、錦織を全面的にバックアップする決意をしたのである。

この前後から錦織は、東久世通禧、岩倉具視、山岡鉄舟、香川敬三、松本順（良順から改名）など、次々に政府の要人たちと面会を遂げ、誠胤解放の協力をとりつけたといわれている。そのなかの一人に後藤新平がいたわけだ。それにしても、こうした錚々たる人物たちが、なぜ得体の知れない錦織と会い、その話を聞いてやったのだろうか。

それは、錦織の、人にとり入る天才的な能力によるものだと考えてよい。巧みに情に訴える話術や態度で、相手をまんまと籠絡してしまうのだ。そういった意味では、天性の詐欺師であった。のちに大政治家になる後藤すらコロリと騙されるほどであり、やがて世間も、完全にこの男に欺かれることになった。

武術家を用心棒に相馬家へ侵入

さて、裁判所で私擅監禁の告訴が却下されると、錦織は驚くべき行動に出た。翌二月十三日夜、信太歌之助を伴って相馬邸を訪れ、「誠胤に会わせろ」と大騒ぎを演じたあげく、屋敷への侵入を企てたのである。仰天した職員がそれを制止しようとすると、暴力をふるい始めたので、家人はみんなで二人を取り押さえた。

ちなみに連れの信太歌之助は旧幕臣だった。天保八年（一八三七）生まれだから、すでに四十八歳の初老だ。ただし、尋常な人物ではない。幕末に江戸幕府が設置した講武所で剣術柔術教授方を務めていた武術家で、勝海舟とも面識があり、坂本龍馬と相撲をとったという逸話が残っている。当時は俠客としても名をはせており、後年、後藤新平が台湾総督府の民政局長になったとき、信太も台湾に招かれているので、ひょっとしたら後藤が用心棒として錦織につけてやったのかもしれない。錦織と信太は警察に引き渡されたが、数日間拘留されたあと、始末書を書いて解放されている。

相馬家の誠胤監禁願いが却下される

事件数日後の二月二十日、相馬家では、侍医・岩佐純の診断書を添えて警察署に誠胤の監禁願いを提出した。前月、警視庁が新たに監禁に関する手続きの法改正をおこない、「瘋癲病人」（精神病患者）を一室に拘束するには、その理由を詳しく記したうえ、親族二名以上の署名と診断書を提出しなくてはならないとしたからだ。

なんとこの法改正は、後藤新平が強引に警視庁の大警視である佐和正にねじ込んだ結果だといわれている。このため相馬家は、改めて願書を警視庁に提出さざるを得なくなったというわけだ。

届け出が出されると、警視庁ではわざわざ医務所長の長谷川泰と、「東京府癲狂院（精神病院）」院長の中井常次郎を相馬邸へ派遣した。彼らは詳しく誠胤を診察したり、家族から聞き取り調査をおこなった。結果、長谷川と中井は、「誠胤を拘禁する必要はない」と判断、相馬家の監禁願いは却下されてしまったのである。

相馬家は驚いたろうが、おそらくこれにも陰で後藤の働きかけがあったのかもしれない。

ともあれ、相馬家にとっては非常に困ったことになった。なぜなら、発作を起こした誠胤がいったい何をしでかすかわからないからだ。そこで家族や職員たちは不安になり、翌三月、東京本郷にある私立加藤瘋癲病院に誠胤を入院させることにした。入院措置にともない、父の充胤が正式に誠胤の後見人となった。

「誠胤の代理人」を吹聴する錦織

誠胤の入院を知ると、案の定、錦織が動いた。さっそく病院に面会に訪れたのである。病院側がこれを謝絶すると、その夜のうちに本郷警察署から病院関係者が呼び出され、「警察官立ち会いのもとで、誠胤と錦織を会わせるように」と諭(さと)されたのである。それは、警察署に面会願書を差し出した錦織の要求が通ったためだとする。

こうして錦織は誠胤と面会を遂げたが、そのさい「私があなたを病院から連れ出してあげます」と約束し、自分を総理代人（代理人）に任命するよう書面に拇印(ぼいん)を求めた。誠胤がこれに応じなかったにもかかわらず、以後、錦織は総理代人を称するようになる。一説には、うまく誠胤を丸め込んで書状に捺印(なついん)させたともいう。

このあとの経緯は、岡田靖雄著『相馬事件―明治の世をゆるがした精神病問題　その実相と影響』（六花出版）に非常に詳しいので、これを参考にさせてもらいつつ、時系列で錦織の動きを追っていきたい。

同書によれば、「錦織は偽造委任状を人にしめして、公をすくいだしたら自分が家令となる、自分に資を投じ協力してくれた者には礼をする、と、人をあつめ、連判帳様のものをつくっていた」という。やはり、目的は金銭だったようだ。

さらに、自分のもとに集まっていた中村藩の旧臣たちに働きかけ、病院に脅迫状を送りつけさせた。このため、恐怖を覚えた加藤医長は、相馬家に退院を打診するようになった。さらに、その後も錦織がたびたび病院を訪ねてくるため、たまりかねた病院側は、強く誠胤の退院を求めたので、仕方なく相馬家は、三月十七日に誠胤を屋敷に引き取った。

いとも簡単に大物政治家を動かす錦織

すると錦織は、宮内省の宮内少輔である香川敬三を動かしたのだ。香川は水戸藩士だったが、幕末は中岡慎太郎が創設した陸援隊副隊長格として活躍、坂本龍馬とも親しかった。維新後は新政府に出仕して宮内省の高官になっていた。

この時期、錦織は松本順（良順）とともに私立加藤瘋癲病院を訪れている。順はよ

水戸藩出身の勤王志士だった香川敬三。のちに宮内官僚としてさまざまな要職を歴任した

医師であり政治家だった松本順。戊辰戦争では最終的に奥羽列藩同盟軍の軍医となり、戦後は一時投獄された

く知られているように、父は佐倉順天堂を創設した佐藤泰然で、弟はのちの外務大臣・林董。順自身も幕末には奥医師や将軍の侍医を務めた。新選組の近藤勇や土方歳三とも懇意であり、軍医として戊辰戦争で各地を転戦した。その後は新政府に出仕し、陸軍の軍医総監にのぼっていた。

それにしても、この錦織剛清という男、よくもまあ香川敬三、松本順といった大人物たちをいとも簡単に動かせるものだと改めて感心する。後藤新平が仲介の労をとったのだろうが、信用できなければ、さすがに彼らだってそう簡単に動かないはず。会った人々を魅了してしまうよほど不思議な魅力があったのだろう。

話を戻そう。香川敬三である。錦織の依頼を受けた香川は、相馬家と何度かコンタクトをとり、六月にはみずから相馬家に出向いて誠胤と面会している。誠胤はこの時期、頻繁におかしな言動を見せたり暴力をふるう発作を起こしており、誠胤を診察した主治医の戸塚文海（とつかぶんかい）は、相馬家に東京府癲狂院への入院をすすめた。そこで相馬家は、宮内省華族局に対し、誠胤の入院申請を提出した。翌日、香川が相馬家に訪れ、入院を認めている。さすがの香川も、誠胤の病状を理解したのだろう。

再度相馬家を訴え、さらには入院先の病院へ押し入り逮捕

こうして明治十七年（一八八四）七月十七日、相馬誠胤は東京府癲狂院に入った。ただ、錦織はしつこい。入院後もたびたび相馬家や病院を訪れては、恐喝まがいの面会要求を繰り返した。

さらに錦織は再度、相馬家の家令や家扶を「私擅監禁」罪で訴えた。たまりかねた相馬家でも、家令の志賀直道や家扶の青田綱三らが、錦織を「誣告（ぶこく）及び私書偽造」の罪で告訴した。誣告とは、嘘をついて他人を罪に陥（おとし）いれること。これまでの相馬家に対する無礼で非常識な言動に加え、誠胤の総理代人だという文書を偽造したからである。

だが、そんなことで錦織が行動を自制するはずもなく、十一月二十日には松浦武三郎、専沢正利とともに、東京府癲狂院に誠胤との面会を要求。それを拒否されると、翌日の夜、門を開けろと大騒ぎを演じ、翌二十二日の早朝には、開門されたところを見計らって病院の敷地内に入り込んだのだ。そこで病院の職員たちが取り押さえようとすると、烈しく抵抗して暴力をふるい、駆けつけた警察官に逮捕されたのである。完全な犯罪行為だった。

ユリウス・スクリバ。ドイツの外科医で明治14年（1881）に来日。明治38年（1905）に鎌倉で歿するまで日本で生活し「日本外科学の恩人」と呼ばれる

外国人医師が見た誠胤の病状

この頃、東京軽罪裁判所では、審理を進める必要から東京大学のお雇い外国人で医師のドクトル・スクリバ、東大教授の三宅秀と原田豊の三医師に相馬誠胤の医療鑑定を依頼した。

スクリバの鑑定書を読むと、誠胤

の病の原因として「母以外にも叔母や祖父、伯父など近親者に多くの精神病患者が出ていること。妻の京子との夫婦関係が悪く、会えば喧嘩をしていたこと。前の家令である富田高慶と険悪な関係だったこと。維新により大名としての権力を失ってしまったこと」などを挙げている。

その症状だが、「前触れもなく烈しい怒りを見せ、暴力や凶器を持ち出す。憤怒のあとは不快を示す。睡眠中に高い声を発する。窓の外で娼妓がしゃべったり笑ったりする幻聴が聞こえる。そのときには誠胤自身も笑ったり、歌ったりする。顔が青白く顔面が膨張している女性が、黒い服を着て梅の花を挿し、歩く姿がしばしば見える」といったもの。

スクリバが診察した誠胤の様子だが、沈痛な面持ちでときどき顔面や目の周りが痙攣することがあり、声も低く沈んでいる。ただ、質問はきちんと理解しており、受け答えは鋭利で明瞭だったとある。

こうした病状や家族歴から判断し、スクリバは翌明治十八年（一八八五）一月、誠胤を「狂躁発作ヲ有スル鬱憂病ト認ム可キ精神障碍病」（『前掲書』）と診断、適当な療養を加えたら治癒するだろうとした。三月には、東大教授で医師の三宅秀と原田豊もスクリバの「狂暴発作ヲ有スル鬱憂病ナリトノ鑑定ニ同意」（『前掲書』）している。

ただ、この頃になると誠胤の症状はすっかり治まり、同年七月には退院している。このおり、東明シゲという女性を側室に迎えている。前年に京子夫人が病気で歿していたからだ。

錦織剛清が誠胤を東京府癲狂院から連れ出すところを描いた絵。画家・小国政の手によるもの

しかし、十月になるとふたたび誠胤の症状が悪化、仕方なく翌明治十九年一月に再入院措置となった。こうした状況に父の充胤は、相馬家の家督相続人を定める必要を感じ、家令や家扶、旧臣たちを集めて会議を開き、誠胤の異母弟・順胤（ありたね）を相続人と決め、誠胤の承諾を得たうえで宮内省にその旨（むね）を届けた。

入院先の病院から消えた誠胤

一方、これ以前に錦織には私書偽造と家宅侵入（病院への乱入）の罪で、重禁錮一ヵ月罰金二円の有罪判決が出ていた。錦織の入獄によって、相馬家の騒動は一段落したように思えた。

ところが翌明治二十年（一八八七）一月三十一日、

東京府癲狂院から誠胤が突如姿を消したのである。

関係者は騒然となり、すぐに警察に失踪届が出され、相馬家でも捜索を始めた。

ただ、誠胤はみずから進んで病院を抜け出したわけではない。

病室からこっそりと誠胤を連れ出したのは、錦織であった。彼は仲間を集めて病院へ向かい、当日詰めていた相馬家の家従・富田深蔵を囲碁（いご）に連れ出し、買収した看病人・中田太一郎の手引きで病室に入り込み、寝ていた誠胤を外へ運び、人力車に乗せたのである。そして、落ち着いた先が、後藤新平の屋敷だった。そう、後藤も全面的にこの拉致事件に関与していたのだ。

誠胤が自邸にやってくると、さっそく後藤は彼を診察し、入院させるほど重い精神病でないと診断した。そして翌日、後藤は警視庁へ赴（おもむ）いて「相馬家と関係のない医師の診断を受けさせるべきだ」と応対に出た大警視・村上楯朝に告げたのである。

村上は、「いま警視総監は熱海におり不在である」と述べてから、「あなたは行方不明の誠胤の居場所を知っているのか」と尋ねた。すると不敵にも後藤は、「私の家にいる。私を捕縛するならすればよい」と言い放った。こうして誠胤の所在が判明したわけだが、このあと錦織はすぐに誠胤を伴い旅立ってしまう。目的地は熱海。警視総監に直訴しようとしたのだ。行き違いで会えなかったものの、その後、二人は名所を見物しつつ静岡の地に到着、二月十日、同地で誠胤は相馬家によって病院に連れ戻された。十六日、錦織も東京軽罪裁判所に自首した。

だが、このとき錦織は、時代の寵児（ちょうじ）になっていた。

忠義の旧家臣として褒めたたえられた錦織

というのは、その前日の二月十五日、『毎日新聞』にこれまでの経緯を記した『相馬家紛擾（ふんじょう）の顚末（てんまつ）』という錦織の書いた（実際は島田三郎（しまださぶろう）の筆）長文の暴露記事が掲載されたからである。もちろんその内容は、錦織の都合のよいように脚色されていた。

『やまと新聞』明治20年7月20日付の付録として描かれた錦織剛清の錦絵

簡単にいえば、前藩主・相馬充胤の妾で順胤を生んだ西田リウが、お家を乗っ取るため家令の志賀直道らと結んで誠胤を「狂人」に仕立て上げた。それを知った旧臣の錦織が忠義の思いから誠胤を病院から救い出したというストーリーだ。お家騒動というスキャンダラスな事件は、現代同様、人々の注目の的となり、新聞は連日大きく報道した。錦織が弁舌爽やかなイケメンであったことで、彼自身が錦絵の題材にもなった。まるでアイドルだ。

たとえば、手元に『やまと新聞』（明治二十年七月二十日付）付録の錦絵があるが、錦織が絵を描き、それを美女や子どもが眺めている構図が描かれている。

絵中の説明書きを紹介しよう。

「錦織剛清氏ハ、旧中村藩士にして其旧主誠胤君が疾病の為め、監中に憂苦せらるゝと言ふを聞き、慨然之を救ん事を思ひ立、曩には其邸内に侵入して遂に警察官の聴く所となり。随ツてこの事の世に伝播せしも、当時に有ツて此義を唱ふる者ハ氏（剛清）壱人のミ、故に旧主をして自由の空気を吸わしむる事能ハず。其後、誠胤君ハ何等の都合ありてか、本郷の癲狂院に移され、依然監中にありしを或るとき氏（剛清）、之に侵入して旧主を伴ひ出し、静岡地方へ趣きしより、忽ち世上の一問題となり、為に氏ハ家宅侵入の罪を以て処刑となりたり。氏（剛清）の目的の当不当ハ姑らく論ぜず。旧主を想ふ義気に於てハ、誰か感ぜざる者あらん。是ニ於ての氏の処刑中、其家族へ多少の金円を寄贈して寒を救る者幾百人といふと知ず。彼の新吉原町の如き花柳艶美の街と雖も、氏の義気を欽慕し、氏ハ予て画を良くなすを以て、本年七月より粧飾せる燈篭の絵を氏に託したる向き多かりとす」

これを読んでわかるように、多くの人々が錦織剛清の行為を忠義からの行動と考え、感激して協力しようとしていることがわかる。

相馬家に裁判で負け、ようやく事件は落ち着くかに見えた

こうした大騒ぎのなか、明治二十年（一八八七）二月十九日に誠胤の父・充胤が死去した。が、これについても、病死でなく変死ではないかと大々的に報道された。旧臣たちもこれに大いに動揺し、「家令の志賀の責任だ」として解任を要求する事態になった。彼が辞めることはなかったが、相馬家では騒動を抑えるため、広島藩主だった浅野長勲（あさのながこと）を後見人とした。なお、誠胤は同年三月、改めて御雇外国人・ベルツの診察を受け、確定できないものの「狂病」ではなく「憂鬱病」であろうとの診断が下されている。

錦織はまたも重禁錮一ヵ月となったが、六月の出獄後は、相変わらず相馬家にかかわり、同時に世間を騒がすさまざまな突飛な行動を展開した。

いきなり出家したかと思えば、京都に出向いて久邇宮朝彦（くにのみやあさひこ）親王にかけ合って娘の一人を誠胤と結婚させる承諾をとったうえで宮内庁に働きかけたのだ。さらに、しつこく後見人の浅野長勲に面会を迫り、ようやく明治二十二年十一月に会見が許されると、

誠胤の異母弟・相馬順胤。自身が「相馬騒動」の原因であるとされ、のちに錦織剛清に告訴されるが無罪に

当人に強く後見人の辞任を迫ってそれを実現させている。ただ、代わって誠胤の後見人となったのは、異母弟の順胤だった。

この間、錦織は誠胤の総理代人と称して相馬家の人々と訴訟合戦を繰り返した。ちなみに、宿敵の志賀直道は、翌明治二十三年に家令を辞めて家政顧問となり、代わって泉田胤正がその後任についた。

明治二十四年十二月、東京地方裁判所は錦織に敗訴の判決を下した。誠胤から委任状を与えられたとして総理代人を名乗ってきたが、相馬家では「それは偽造されたものである」と訴えていた。この主張が正式に認められたのである。しかし、その翌年になっても両者の争いはだらだらと続いていった。ただ、五年前に大いに世の中を騒がせた相馬騒動だったが、それ以後、世間ではほとんど忘れ去られていた。

が、明治二十五年（一八九二）二月二十二日、その状況が一変する。

誠胤の急死で事件が再開する

相馬誠胤が四十一歳の若さで亡くなってしまったのである。それが、ふたたび相馬騒動が世の中の話題をさらうきっかけとなった。

じつは錦織は、誠胤の死を新聞報道で知った。

相馬家では、新聞広告というかたちで、家扶の名をもって旧中村藩士たちに向けて誠胤の死を伝え、そのうえで「二月二十九日午前八時に出棺し、青山墓地で葬送がおこなわれること、式場は芝愛宕下青松寺（しばあたごしたせいしょうじ）であること」を公表した。

この記事を見たときの錦織の気持ちは、誠胤が死んだわずか八ヵ月後に出版した『神も仏もなき闇の世の中』（春陽堂）に記されているので紹介しよう。

「此広告、是れ果して信なるか、否な信に非らざるべし、此広告、是れ夢なるか嗚呼（ああ）夢なり、夢に相違なし、夢ならば早く醒（さ）めよ、早く醒めざるの悪夢は、多く心を悩ますものなり、夢よ早く醒（さめ）よ、早く醒めて心を休ませよと、余は独語し

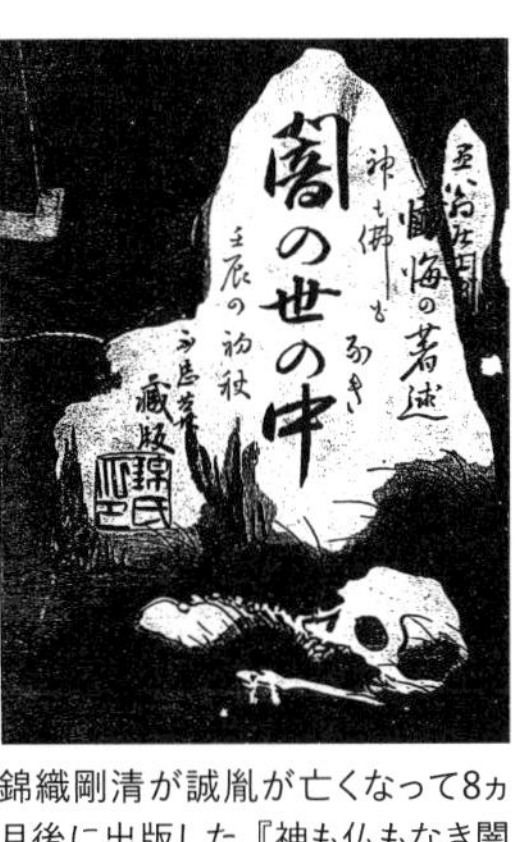

錦織剛清が誠胤が亡くなって8ヵ月後に出版した『神も仏もなき闇の世の中』

つゝ茫然として」

とある。錦織は、誠胤の病気は落ち着いており、郊外へ散策に出るほど元気になったと聞いていた。そんな安堵していたところに、急逝の広告が出たわけだ。さすがにこの表現は大げさだと思うが、善悪は別として、十年近くも誠胤に執着してきただけに、錦織が大きなショックと喪失感を覚えたのは嘘ではないだろう。

錦織は、誠胤の死を知ると、ただちに動き出した。

誠胤の毒殺を疑い、死体解剖願いを提出

二月二十七日、東京地方裁判所検事長や麴町警察署などに宛てて誠胤の「死体解剖願」を提出したのである。その死因に疑わしいところがあるというのが理由だった。

錦織が語るには、「総理代人たる自分が誠胤を安全な場所に引き取る裁判を起こしたところ、急死したのは極めて怪しい。検死のさい、死体を反覆したとき大量の吐血があったということではないか。なのに葬儀は二十九日におこなわれるという。遺体を埋葬してしまうと死因が特定できなくなってしまう。証拠隠滅のおそれがあるので、大至急解剖の手続きをとってほしい」そう主張している。

しかし、錦織の要求は裁判所や警察によって却下され、葬儀は少し遅れたが、三月

二日に執行された。すると錦織は、『神も仏もなき闇の世の中』で、次のように主張するようになった。

亡くなる数日前、「子爵（誠胤）が彼の目黒村に遊猟せられたる当日は、同地の郊外に於て酒宴を開かれたるよしなりしが、其帰途に就かんとするや、俄に腹痛なりとの事にて、全体頗る苦痛を覚ゆる有様、然るに家従等漸くにして子爵を車に乗らしめ帰京したるやに聞き及ぶ、是れ不審を懐く」と暗に毒を飲ませたことを匂わせたのだ。さらに先述のように、自分が誠胤を相馬家から引き取る裁判で、誠胤が裁判所に「出頭すべきの当日に於て、俄かに死去したるが如きは、甚だ怪むべき次第」と相馬家による暗殺を疑ったのである。

妄想も含んだ「相馬騒動の真相」がベストセラーに

『神も仏もなき闇の世の中』は、明治二十五年（一八九二）十月七日に出版されたが、錦織は執筆動機を次のように語っている。

「天下の有志士諸君並に数百の同胞諸君は、錦織剛清が相馬子爵（誠胤）の為めに力を尽したる事は、既に知るところなれど、抑も如何なる事情より始めて、如何なる事情にて終りたるや、其瑣細の事まで明かに為したる顚末は承知せられざるべし、全国各新聞紙中、之を掲載したる事も尠からず、亦た著作物の筆に成れるものもなきに非ずと雖も、皆な是れ大要を遠慮しつゝ、掲載したるに非らざるはなし、依て今ま抑も此事は、如何なるところより起りたるや、といふ所より詳しく追記せん」

このように、相馬騒動の真相を明かすという謳い文句で本書が世に出るや、大ベストセラーとなった。

手元に、明治二十六年九月十五日発行の同書（コピー）があるが、出版して一年も経っていないのに「十四版」となっている。百五十七ページにわたって相馬騒動が詳しく記されているが、これほど話題になったのは、その内容があまりに衝撃的だったからだろう。

おそらく錦織の妄想を多分に含んだ想像上の産物だろうが、以下、簡潔に暴露本のあらすじを紹介しておこう。

相馬誠胤の父・充胤の妾に、西田リウという悪女がいた。リウは、自分の生んだ順胤を当主にしたいがため、相馬家の家令や家扶たちと結託し、他の家臣たちを金銭で買収して誠胤を「狂人」に仕立て上げた。

誠胤の妻で戸田光則の娘・京子は、当初見合いをした美人の姉のほうではなく、膣閉塞症で性行為ができない妹のほうにすり替えた。こうして誠胤を精神的に追い込み、夫婦の仲をおのずと悪くさせる。さらに、重臣の富田深造が誠胤にひどい暴言を吐いて挑発し、耐えかねた誠胤が槍を手にすると、乱心したと騒ぎ立て、その後、息のかかった医者に「瘋癲病」だと診断させ、座敷牢に閉じ込めてしまったのである。

うすうす真相を知った忠臣の多田部純太郎は、重臣たちを諌めて誠胤を牢から出すべきだと迫ったが、毒を飲まされ重篤になり、郷里の中村に戻って静養せざるを得なくなる。しかし、治療の甲斐もなく、もはや命は尽きようとしていた。このとき多田部は信頼のおける仲間に「東京なるお邸にては、家令扶と妾等とが腹心を同ふし、朋党を結んで、誠胤公を虐待し、少数の私慾を専らにせんと今や其緒に就きたり、思ふに当時の家令と老公の妾とが志を同じくし、家令以下の輩儕には賄賂を以て同意せしめたりと覚ゆ、先づ第一に誠胤公を亡きものにせんとの計略を廻らしたるにや」(『前掲書』)と真相を話して逝ったのである。

国元でこの話を聞いた錦織は、同志を募って密かに調査を始め、それが事実であることを確信するや、誠胤のために立ち上がることを決意して上京したのである。

その後の流れについては、すでに語ったところだ。

なお、錦織が多田部の話を聞いて誠胤のために悪妾や奸臣と戦おうと決意したというのは嘘であり、前述のとおり、上京して相馬家の家扶・青田綱三の屋敷に転がり込んでいたとき、こうした怪しげな噂を耳にしたのであろう。

いずれにしても、誠胤の死をきっかけに錦織は、誠胤の「死体解剖願」で社会の耳目を集め、その後、『神も仏もなき闇の世の中』という暴露本を出して、ふたたび時代の寵児になったのである。

相馬家の旧家臣が毒殺を告白

さらに翌明治二十六年（一八九三）七月、『自由新聞』に「自訴状」（四千字）が公開されると、世の中はさらに騒然となった。この文章は、ある相馬家の旧臣が匿名で誠胤毒殺に至るまでの罪を赤裸々に告白したものだった。その内容は、錦織の主張と合致していた。

その旧臣によれば、志賀直道などの家令・家扶は相馬家の財産を使い込んでおり、それが誠胤にばれそうになったので、西田リウと結んで誠胤を「狂人」に仕立てて座敷牢に入れたのだと述べている。さらに、家扶の鈴木札の口から事実が漏れるのを恐れ、東京府癲狂院の院長・中井常次郎医師に毒薬を用意させたというのだ。その後、錦織との裁判のなかで、誠胤に裁判所への出頭命令が出たことに驚いた家令・家扶たちが、中井や帝国大学医科大学教授の榊俶（さかきはじめ）に相談し、誠胤が目黒に遊んださい毒を入れさせたのだと告白している。中井と榊には大金を握らせ、万一、遺体が解剖となった場合も二人がそれを担当し、ごまかす手はずになっていた。ところが服毒した誠胤は、大量に血を吐いたもののなかなか死なず、困ったあげく、上から布団をかぶせてみんなで押さえつけて窒息死させたのだと語る。最後に、悪事に荷担した者たちは、すでに罰を受ける覚悟ができており、誠胤の妾・東明シゲなどを取り調べていただければすべてわかると記されていた。

相馬家の中心人物たちを殺人罪で訴える

この記事が世に出る二日前、錦織は誠胤の弟で相馬家の当主・順胤、その母・西田リウ、家令の泉田胤正、家扶の青田綱三、家従の石川栄昌と遠藤吉万、さらに宿敵といえる志賀直道（前家令）、毒薬を用意したとされる中井常次郎を、誠胤殺害の罪で東京地方裁判所に訴えた。

新聞各社は一斉に事件を報道したが、『自由新聞』とともに相馬騒動を大きく扱ったのが、黒岩涙香（くろいわるいこう）が経営する『万朝報（よろずちょうほう）』だった。発刊して間もない新聞である。もともと黒岩は『都新聞』の主筆を務め、彼の書いた探偵小説も大人気で部数を伸ばしてきたが、新社長ともめて退職、明治二十四年に『万朝報』を立ち上げた。同紙は政財界のスキャンダルを特集することで人気になっていくが、錦織側に立って騒動を大々的に報道したことで、大きく部数を伸張させた。

相馬騒動に関する本も続々と出版されていった。

事件は芸能界でももてはやされ、講談や芝居、浄瑠璃の演目となった。錦織に加担する人々の演説会などもあちこちで開かれるようになっており、世の中はすっかり相馬騒動一色となった。

相馬家では、錦織を誣告罪だとして訴え、旧臣の一部がこれに同調して相馬家の無実を主張する新聞広告を出すなどしたが、世間は圧倒的に錦織の味方であった。

誠胤の墓を発掘して遺体を解剖する事態に

裁判では、内務省衛生局長になった後藤新平が全面的に錦織を支援し、大井憲太郎（おおいけんたろう）（大阪事件で有名な元自由党左派の大物）らが弁護を受け持った。対して相馬家は、自由党重鎮の星亨（ほしとおる）に弁護を依頼した。星は現職の衆議院議長でもあった。

こうして始まった裁判だが、なんと裁判所は錦織の訴えを受理し、八月から志賀直道、青田綱三、中井常次郎など、続々と関係者が身柄を拘束されてしまった。さらに、青山墓地にある相馬誠胤の墓を発掘して遺体を解剖することに決したのである。毒殺の痕跡を探すためだった。まさに前代未聞の措置であり、ますます世間では相馬騒動が盛り上がることになった。

ただ、念のためつけ加えておくが、誠胤の死因は尿崩（にょうほう）を伴う糖尿病悪化による心臓麻痺で間違いないと思われる。当時の記録もしっかり残っている。岡田靖雄氏の著書『相馬事件―明治の世をゆるがした精神病問題　その実相と影響』によれば、誠胤が亡くなったとき、相馬家の依頼によって検察官が派遣した医師たちの検死も受けており、その死に問題はないとされていた。ただ、麹町警察署の内藤昇警部から「将来のため屍体（したい）解剖をねがってはどうか」とすすめられたが、相馬家は「先公の遺骸に刀をくわえるのはしのびがたい」（『前掲書』）と断ったという。これについて岡田氏は、「相馬家からの検事への臨検願いも一旦は必要なしとされていたので、相馬家が解剖をことわったのは当然の心情であろう、当時の解剖観からすればなおさらのこと」と述べている。同感である。

毒殺疑惑は完全に否定され、逆転劇が始まる

繰り返すが、墓を掘り起こして遺体を解剖するというのだから、世間の耳目はますます集まることになった。

では、解剖の結果はどうだったのか。

明治二十六年（一八九三）九月に鑑定報告書が出されたが、そこには「相馬誠胤子ハ毒物服用ノ為メ死ニ至リタルモノに非ス」（『前掲書』）と明記されている。そう、毒殺疑惑は完全に否定されたのである。これにより錦織の訴えは、当然、退けられた。

ここから逆転劇が始まっていく。十月、かつて誠胤の看病人であり、彼を東京府癲狂院から連れ出した仲間・中田太一郎が、警察に出頭した。「これまでずっと三百円くれるというので錦織のために偽証してきたが、約束が実行されないので自首した」というのだ。

また、信じがたいことに、東京地方裁判所の山口淳判事が錦織と相馬家の双方から賄賂を受け取っていた事実が明らかになった。しかも山口は、錦織とたびたび密会し、彼に加担していたのだ。なんと自訴状（相馬家旧臣のよる匿名の犯行告白）を創作するよう指導したのも山口だったことがわかった。このように錦織側に不利なことが続いていった。

明治二十七年五月三日、相馬家が錦織を誣告罪で訴えた裁判が決着をみた。

錦織には誣告罪で重禁錮四年、罰金四十円が申し渡された。錦織はただちに判決を不服として控訴したが、翌明治二十八年三月、訴えは棄却され、大審院において有罪が確定した。

こうして相馬騒動は、あっけない幕切れを迎えた。

刑期を終えて出獄したのち、錦織剛清が人々の話題にのぼることはなかった。その後、彼は約二十年を生き、大正十年（一九二一）にひっそりと世を去った。

以上述べたように、世の中を震撼させた相馬騒動は、すべて錦織剛清という一人物によって引き起こされたものであった。

彼は華族（旧大名家）を相手に、大勢を巻き込んで十数年にわたって対立を続けた。あまりに執拗な闘争だった。しかも法を犯してまでたびたび主君・相馬誠胤を座敷牢や病室から引き出そうとした。

ただ、この異常としか思えない行動が、果たしてすべて金銭目的のためだったのか。相馬騒動を書いていくなかで、一抹の不安が浮かんできた。ひょっとすると、そこに彼なりの正義があったのではないかと思えてきたのだ。

残念ながら相馬騒動から百年以上も、我が国では精神疾患にかかった人々を社会から切り離し、長期間にわたって鎖された空間に閉じ込めてきた。こうした人権無視の政策がようやく近年、医療の進歩もあって改善されるようになってきた。とはいえ、まだまだ不十分な状況にあるといえる。この事件は、そんな日本の精神疾患問題に大きな一石を投じる事件でもある。

読者がこれを機に、精神医療に関心をもっていただくことを期待したい。

第2章

分裂・抗争を繰り返す藩内

稲田邦植

主家からの独立を望んだすえの惨劇

安政二年（一八五五）～昭和六年（一九三一）

いなだ くにたね

●役職　徳島藩筆頭家老
●居城　洲本城
●石高　1万4500石
●爵位　男爵

徳島藩筆頭家老の稲田植乗の子として生まれる。11歳で稲田家16代の当主に。明治に入ると稲田家中で主家・蜂須賀家からの独立運動が起き、新政府は独立を承認。その条件交渉のなかで蜂須賀家中から「稲田氏を征伐すべき」の声が上がり、稲田騒動や庚午事変と呼ばれる事件に発展。事件後の明治4年（1871）、邦植は新政府の命に従い北海道開拓に着手。西南戦争を機に陸軍に属したのち、明治28年（1895）に故郷の徳島へ隠居。

すもとじょうだいいなだ

洲本城代稲田家

家祖は豊臣秀吉のもとで武将として活躍した稲田植元。義兄弟の蜂須賀小六正勝の家臣となり、蜂須賀家の後見役に。淡路島の由良城を任され、その後、洲本城に移転。幕末まで蜂須賀家との関係は変わらなかったが、明治2年の版籍奉還をきっかけに悪化。北海道へ移住することとなる。

稲田邦植

明治に入り危機を迎える稲田氏

明治三年（一八七〇）五月十三日、徳島藩蜂須賀氏の直臣らおよそ千八百人（人数は諸説あり）が、突然、家老の稲田邦植の家臣たちの屋敷を次々と襲撃し、子どもや女性も容赦なく殺害するというショッキングな事件が発生した。このとき殺害された稲田氏の関係者は十五名にのぼり、このほか自殺者二名、重軽傷者は二十名に及んだ。この事件は稲田騒動や庚午事変と呼ばれるが、なぜ蜂須賀家中でこのような凄惨な出来事が起こったのだろうか――。

それは、家老の稲田氏が徳島藩からの独立を企てたのが直接の原因だった。

稲田氏の家祖・植元は、のちに主君となる蜂須賀小六正勝とは、義兄弟のちぎりを結んだ間柄で、ともに豊臣秀吉のもとで武将として大いに活躍した。秀吉は、正勝を大名に取り立てるさい、植元も独立の大名にしようとした。ところが植元は、「これからも正勝を助けたい」と固辞したとされる。なお正勝は、嫡男の家政が秀吉から阿波一国を与えられたとき、植元に対して家政の後見を依頼。快諾した植元は阿波に入り、一万石を給されて脇城に入り、家老として藩政を支えた。

家政の跡を継いだ蜂須賀至鎮は、大坂の役で武功を上げ、さらに淡路一国を与えられ、二十五万七千石の大大名となった。ただ、一国一城令によって脇城は廃城となり、稲田氏はその後、淡路島の由良城代を任されることになった。けれども植元は、跡継ぎの示植を淡路島へ派遣し、みずからは隠居の身となって下級武士とともに脇城の城下町に残り、猪尻に役所を置いて吉野川流域の領地を支配し続けた。

なお、由良城はのちに城下町ごと洲本城に移動するが、そのまま稲田氏が歴代、洲本城代を務めた。石高も一万石から一万四千五百石となったが、万石以上であっても、幕府から朱印状を与えられていない場合は、独立大名として認められない。このため、尾張藩の付家老で犬山城主の成瀬氏（三万五千石）のように、本藩からの独立を企てる大藩の重臣もいた。

しかし稲田氏にはそうした動きは見られず、徳島藩（蜂須賀氏）からの独立を望んだことがなかった。

それが明治に入って態度を一変させたのは、蜂須賀氏の直臣に対して自分たち稲田氏の家臣（陪臣。大名の家臣の家臣）が経済的に大きな不利益をこうむることがわかったからである。

明治二年の版籍奉還によって、大名は政府から知藩事に任命された。知藩事は相変わらず領地と領民の支配を命じられたので、それまでの藩運営の実態と大きく変わらなかったが、藩主の収入（家禄）は年貢収入の十分の一と定められ、藩財政と切り離されることになった。また、大名も藩士も政府の役人となり、武士は士族とされ、禄制も大幅に改変された。『洲本市史』（洲本市史編さん委員会編、洲本市）によれば、徳島藩では士族の禄は一等士族から九等士族まで九つに分類された。一等士族にあたる家老は「現米千石」とある。つまり、稲田氏は一万四千五百石からたった千石に収入が激減されることになるわけだ。

さらに悲惨だったのは、稲田氏の家臣たちである。彼らは陪臣ということで士族とは認められず、足軽以下の「卒族」に編入されることになった。しかも蜂須賀氏の直属の卒族という立場になり、稲田氏との主従関係は解消されることになった。士族ではないうえ、稲田氏との長年のつながりを断ち切られ、稲田家臣団のプライドは大いに傷ついたことだろう。

だが、それ以上に衝撃だったのは、禄米（給与）が激減することだった。卒族の禄高は最高でも「三人扶持現米五石」とされたのだ。稲田氏の重臣・井上九郎右衛門は五百石を与えられていたし、このほか百石を超える武士も少なくなかった。稲田家中にとって到底、この決定は黙しがたいものであった。

勤王を進言していた稲田氏

このため明治二年（一八六九）八月、稲田家の面々は、主君の稲田九郎兵衛邦植に対し、「蜂須賀氏の直臣と同じ待遇にしてほしい」という嘆願書を提出した。そこで十六代当主の稲田邦植は、幕末における稲田の功績を主家・蜂須賀氏に訴え、稲田家の待遇見直しや、「稲田家中の禄を一括して自分に支給し、それを家臣たちに分配させてほしい」と主従関係の継続を要望した。ただ、邦植はまだ十六歳の少年だったので、おそらくこの要求は重臣たちの話し合いのうえ決まり、主家・蜂須賀氏への陳情となったのだろう。

阿波徳島藩13代藩主・蜂須賀斉裕。11代将軍・家斉の二十二男

とくに陳情書では、幕末における稲田氏の功績を強調した。じつは稲田邦植の父で、十四代当主・植乗（たねのり）は勤王（きんのう）（尊王と同義）家で、重臣たちを京都に派遣するなど積極的な活動をおこなった。そんな植乗が万延元年（一八六〇）に三十六歳の若さで死去すると、まだ息子の邦植は幼かったので、植乗の従弟（いとこ）・植誠（たねのぶ）が十五代当主を継承。この植誠

も大の勤王家で、徳島藩の家老として、藩主の蜂須賀斉裕に対し、勤王としての立場を明らかにすべきだと訴えた。

しかし斉裕は、将軍・家斉の子どもだったこともあり、あまり反幕的な行動をとることができなかった。慶応四年（一八六八＝明治元年）、斉裕は四十八歳で亡くなるが、芝木秀哉氏は、徳島藩の奥医師・関寛斎の記録からその死因を次のように分析している。

「斉裕は、思想的には尊皇家である。それもきわめて篤い。しかし徳川家の一員である。したがって、文久年間以後の錯綜する政治情勢の中にあって、政治的には公武合体派として動かざるを得なかった。しかし、慶応年間に入ると、政治情勢はもはや公武合体などというあやふやな立場を藩として維持することが許されない状況になった。阿波徳島藩二十四万七千石は京師（みやこ）に近い大藩である。その去就は倒幕派、親幕派双方にとって無視できない。しかし、尊皇家でありながら徳川家一門であるという、斉裕にとって深刻な自己矛盾が大きな足伽となり、酒に苦悩を紛らせつつ優柔不断のまま時を費やした。加えて世嗣茂韶が武力倒幕に藩論を統一せんとして意見が対立するなど、斉裕の精神はもはや平衡を保てなくなり、ますます酒に耽溺していった」（「関寛斎　御容体心覚」『日本医史学雑誌　第48巻第1号』所収）

このように藩主・斉裕は、勤王か佐幕かで懊悩したすえに酒で身体を壊し、死に至ったと評しているのだ。

一方、家老の稲田植誠とその家臣たちはひたすら朝廷のために尽くし、孝明天皇からお言葉と天杯を授かっている。植誠の重臣・三田昂馬などは岩倉具視の面識を得て倒幕活動にたずさわり、戊辰戦争では新政府軍の東征大総督・有栖川宮熾仁親王の護衛を務めた。

こうした稲田氏の働きは、蜂須賀氏の直臣たちにとって、動きがとれず悩む主君・斉裕を差し置いての、家老の独走に見え、おそらく、苦々しく映ったことだろう。

阿波徳島藩14代で最後の藩主・蜂須賀茂韶。14代将軍・家茂の従弟

なお、藩主が斉裕から尊攘（尊皇攘夷）派の茂韶に代わったのは鳥羽・伏見の戦いのあとのこと。このため徳島藩という大藩は、ほとんど新政府に貢献できずに明治の世を迎えたのである。

急激に動き出す稲田家の家臣たち

家老・稲田邦植の陳情に対し、徳島藩

主の蜂須賀茂韶は、邦植の重臣である稲田太郎左衛門と賀島百助を招き、「これは新政府の命令であり、稲田家だけを特別扱いにはできぬ。もしそんなことをすれば、他の重臣たちも同じ要求をするようになり、藩政に支障を来すからだ」と拒絶した。

だが、もちろん稲田家中はこれに納得せず、藩主・茂韶の返答を受け、ふたたび陳情をおこなった。

というより、反駁であった。これまでどれだけ歴代の稲田氏当主が主家・蜂須賀のために貢献したかを縷々述べたあと、「幕末になって朝廷は阿波藩が果して勤王かどうか、御嫌疑がかかったとき、稲田方の勤王運動の為、阿淡両国一同勤王一途の所と決議されたのである」と幕末維新時の功績を誇り、「前の功労は御とりすてと決定されては、将来国家の為、尽力するものがなくなりましょう」（『洲本市史』）と特別扱いを要求したのである。

蜂須賀氏は、この要求もはねつけたものの、藩政の混乱を避けるため、稲田氏を特別扱いする方向で動き始めた。

ところがそんな矢先、稲田氏の家臣たちが、新政府の高官たちに対し直接、徳島藩からの独立を働きかけ始めたのである。あまりに急な展開であった。

まずは戊辰戦争のときに身辺警護をおこなった有栖川宮熾仁親王に対し、「このたび我らは家禄を大幅に削られ難渋しており、さらに蜂須賀氏の卒族とされ主人・邦植との主従関係も断たれてしまった。そこで蜂須賀家に訴えたが、まったく取り上げてもらえない」と泣きついた。公家で実力者の岩倉具視や三条実美に対しても、稲田氏の家臣たちは同じ訴えを起こした。

翌明治三年（一八七〇）三月、家臣一同は稲田氏の守護神である稲基神社の神前で血判を押し、蜂須賀氏からの独立運動を進めることを誓い合ったのである。こうしたことの背景には、長年、稲田氏の家臣たちが、蜂須賀氏の直臣から差別的な扱いを受けていたことも大きかったといわれる。

お家騒動を恐れた蜂須賀氏側は、稲田氏の家臣たちをすべて蜂須賀の直臣同様、士族に取り立てることに決めた。だが、この頃になると稲田家中はもはや、そうした案では納得できなくなっていた。彼らはあくまで稲田氏に属しつつ、士族になりたいと主張するようになったのだ。

新政府が稲田氏の独立を認めるものの……

こうしたなかで新政府は、とうとう稲田氏の蜂須賀氏からの独立を認めることとした。ただ、そのまま淡路に稲田氏を置いておくと、両者の間で武力衝突が起こるかもしれないと危惧し、彼らの領地を北海道に移すことで、決着をはかろうと考えるようになった。そして、この件の仲裁をはかるため、福島県権知事の立木徹之丞（兼善）と岩鼻県権知事の小室信夫を派遣した。立木は元稲田氏の家臣、小室も徳島藩とゆかりのある人物だった。

　両名は明治三年三月に徳島藩に赴き、「稲田邦植は家臣とともに北海道へ移住して開拓にあたる。その仕事が軌道に乗るまでの十年間、稲田氏の石高同様の禄を徳島藩蜂須賀氏が支出する」という条件で両者の折り合いをつけようとした。しかし稲田氏側は、北海道の開拓は了承したものの、国元淡路を離れることを拒み、さらには徳島藩からの分離独立を求めたのである。閉口した立木と小室は、蜂須賀氏側と相談し、「稲田家の多年の功労によって、特別の賞を下さるよう申し立て、それで稲田家の顔を立て、分藩も北海道移住も二つとも断念させよう」（『洲本市史』）という提案をした。けれど、稲田氏側はこれを拒んだ。

　ここにおいて徳島藩首脳部は閉口し、四月に蜂須賀家中を一同に呼び集め、稲田氏の分離独立騒動に関する経緯と関係書類すべてを公開した。家臣たちに解決案を求めようとしたのかどうかは不明ながら、これを知った多くの者たちが主家に対する叛逆であると稲田家臣団の行動に激高した。そして一部の者たちは声高に「稲田氏を征伐すべきだ」と武力行使を主張し始めたのである。

強まる「稲田討つべし」の論調

この主張に同調したのが新居水竹であった。水竹は有能な儒学者で、当時は長久館（徳島藩校）の総学司学頭（校長）の地位にあり、藩主・茂韶の侍講も務めていた。かつては学塾を開いており、藩内に多くの門弟を抱えていた。『洲本市史』は「一藩の与望を一身にあつめていた」と評している。そんな水竹が、徳島藩に対して稲田氏の武力征伐を求める意見書を提出したのだ。

新居水竹。幼少から漢文を学び、12代藩主・斉昌に従って江戸に行き、昌平黌などで学ぶ

これは蜂須賀家中に大きな影響を与えた。水竹に触発された者たちが、「徳島藩兵隊」の名義で立木と小室宛に「我らは武力で決着をはかるつもりです。どうぞこの状況を朝廷にお伝えください。あなたがたが東京にお戻りになられたあと、私たちも上京してこの件を哀訴いたします」と記した書面を提出した。また、稲

田氏の重臣・三田昂馬らを討つべしと血判を押す過激な連中も現れた。

こうした混乱のなか、解決策が話し合われた結果、立木と小室の上京にあたり、新居水竹、小倉富三郎、兼松又三郎、南堅夫ら十二名が総代として同行し、訴状を持参して新政府に対処を求めることになった。

訴状には、「稲田氏が不条理なことを申してきたので説諭したが、自分たちの功を申し立て分藩を要求してきた。ただちに武力征伐すべきだが、知藩事（茂詔）が勝手に軍を動かすのは朝廷に対して申し訳が立たないというので、現在、鎮まっている。どうか適切なご処置をお願いしたい」といったことが記されていた。

だが、新政府は武力征伐を許可せず、そのまま東京での待機が命じられた。さらに徳島藩知藩事・蜂須賀茂詔と家老の稲田邦植が東京に召喚されることになったのである。これを知った徳島藩の総代たちは、茂詔が処罰されるのではないかと危惧した。東京で彼らが聞いた新政府での徳島藩の評判がよくなかったからだ。さらに五月になると、新政府は稲田家を処罰せず、蜂須賀氏と和解させようとしているという情報が入った。

すると総代たちは、その前に自分たちが逆賊・稲田家中を征伐してしまおうと考え、南堅夫ら九名が密かに東京を脱し、国元に向かったのである。五月七日のことであった。新居水竹など周囲の者たちはこの行為を知りながら九日まで黙っていた。そしてこの日、総代たちの書き置きが見つかったということで、ようやく藩庁に届け出たのだ。そこには「世間では蜂須賀家を非難し、稲田氏の分藩を容認する風説が流れている。そうなっては茂韶公の恥辱である。ゆえに我々が奸賊・稲田を除き、その責任はすべて引き受けます」というものだった。

これを知った徳島藩の役人たちは仰天し、新政府に報告した。すると大納言の岩倉具視が徳島藩の権大参事の星合常恕と尾関成章を呼びつけ、「もし稲田家に対して暴力に訴えたら、蜂須賀は絶家になっても仕方ないと思え。ただちに国元の動揺を抑えろ」と厳命した。まさにお家の一大事である。仰天した二人はただちに国元へ急いだが、総代たちには追いつかず、五月十二日に東京の状況が国元の藩士たちに伝わってしまった。

二人の切腹でも進軍は止められず

ちょうど入れ違いに、知藩事の蜂須賀茂韶は、家老の稲田邦植を伴って徳島を離れてしまった。もし藩主がこの場にいたら混乱は鎮まったろうが、不在ということもあって騒ぎは大きくなる一方だった。やがて「兵隊中」という名で、藩士たちに稲田征伐を求める檄文が出され、福島の操練所に瞬く間に賛同者が集まり始めた。

こうした動きを知った藩庁は、操練所に集まった兵（藩士）たちを説得したが解散しようとしない。そこで各隊の隊長たちを藩庁に呼び出し説諭するが、これまた聞き入れようとしない。そのうち業を煮やしたのか、南堅夫が門外に整列していた兵士たち百六十名を率いて、脇町にある稲田氏の猪尻役所へ向かって進軍を始めてしまう。このあたりには、稲田氏の家臣が集住していた。驚いた藩庁は、これを制止すべく下条勘兵衛と牛田九郎を派遣した。

一行に追いついた下条と牛田は、必死に兵たちを説得しようとしたが、彼らは歩みを止めようとしない。すると牛田が「こうまで言って、それでも進むと言うのなら、私の屍を踏み越えていけ！」と叫び、なんといきなり、彼らの面前で腹に脇差を突き立てたのである。これに続いて、下条も腹を割いた。まさに命を懸けて暴挙を制止しようとしたのだ。

介抱のかいもなく、二人はまもなく絶命してしまった。

残念ながら、この行為は兵たちを動揺させたものの、進軍を止めるまでには至らなかった。兵たちはその夜はとりあえず下浦という地に一泊し、夜が明けたら猪尻役所を襲撃するつもりだった。しかし同夜、東京から駆けつけた星合常恕と尾関成章が藩の重臣たちとともに、「もし暴力に訴えたら、改易になる」という岩倉具視の書面を読み聞かせたため、新政府の意志を明確に知った兵士らは、仕方なく兵を解散させたのだった。

一方、稲田家でも徳島藩士たちが襲撃してくるという噂は高まっており、なかには迎撃すべきだという声があったが、猪尻役所の奉行・拝村吉左衛門は「戦えば喧嘩両成敗となり、稲田家も処分をうける」とこれを許さず、相手が襲ってきたら隣の高松藩に逃れる手はずを整えていた。そして、いよいよ徳島の兵が向かっていると知ると、その夜のうちに間道を通って全員（三百四十人以上）が高松藩へ避難したのだった。

だが、これで、めでたしとはならなかった。

先述のとおり、稲田氏は洲本城代を務めており、淡路島洲本にも屋敷があり、多くの家臣たちが周辺に常駐していた。

そんな淡路島のほうにも東京から出奔した過激派の大村純安、平瀬伊右衛門、多田禎吾ら総代が入り込み、檄文を発して兵を組織し、明治三年（一八七〇）五月十三日朝に稲田氏の屋敷を襲撃し始めてしまったのである。

なぜ、脇町のように未然に防ぐことができなかったのか。

そのあたりの事情、そして襲撃の模様を紹介しよう。

子どもたちさえ銃で撃たれる

　稲田家中への攻撃が始まる二日前の十一日、淡路島洲本に入った大村らは、水利方奉行・桑村速之助の屋敷で草鞋を解き、そこで同志を集めて決起を説き、檄文を起草して各所に貼り出し、同時に徳島藩士らにばらまいて味方に誘った。

　檄文には、次のようなことが書かれていた。

「稲田九郎兵衛邦植の家来どもが恐れ多くも、朝敵の所業をなしているので、ただちに誅戮すべきところだが、知藩事様（蜂須賀茂韶）は格別な御寛典をもって説諭してくださった。にもかかわらず、彼らは悔悟せずに徒党を結び、ついには新政府に分藩を願い出た。これは一つめには朝廷を軽侮し、二つめには知藩事様を侮辱し、三つめには旧主・稲田邦植を不忠不義に陥れる行為である。したがって稲田の賊徒を天朝のために排除する」

　結果、十二日になると続々と兵が集まり始め、総勢八百人にのぼった。

　こうした状況を見て、淡路にいる藩庁の役人は、首謀の一人、今田増之助を呼び出して事情を問いただした。すると今田は、これから稲田征伐に向かうつもりだと明言する。驚いた役人たちは、主たる者たちを集めて説諭を加えたが、なかなか応じようとしない。そこで役所の門を閉じてさらに彼らの説得を試みようとしていたところ、門外から叫んだ江本基太郎の一言が暴発を誘ってしまったという。

徳島に行って戻ってきた江本は、「すでに徳島では事を起こしている。何をぐずぐずしているのだ」と怒鳴ったのだ。

もちろん徳島脇町の暴発は未然に防がれたわけだが、これを知ってか知らずか、江本の一言で十三日の早朝から稲田邦植とその家臣たちの屋敷を次々と襲い始めたのだ。

残念ながら洲本の稲田家は、突然の襲撃を事前に察知できず、逃げ遅れる者たちが多かった。ちなみに攻撃側は稲田邦植の屋敷を襲うさいには、礼儀上、事前に稲田氏の菩提(ぼだい)寺である江国寺(こうこくじ)の僧を屋敷に遣わし、「分藩を主張するのは不埒(ふらち)ゆえ、これから屋敷を討ち払う。家族は早々に退去せよ」と通告している。このため邦植の母や妻はどうにか屋敷を出てある家に潜伏できた。その後、稲田一族で重臣でもあった稲田太郎右衛門が彼女たちを探し出し、いったん邸内に迎え入れ、さらに他藩へ避難させたといわれる。

ただ、稲田の家来には容赦がなかった。問答無用で砲撃や銃撃を加え、敷地内に乱入して手当たり次第に攻撃していったのである。

このため、あちこちで悲劇が起こった。

たとえば伊藤野右衛門の屋敷では、野右衛門夫妻がちょうど寺院に参拝して留守だった。家のなかには息子の紋太郎（十二、三歳）が友達の斎藤寅太郎、浅田藤太夫と遊んでいた。そこに兵たちがずかずかと乗り込んできたので、子どもたちは仰天して庭から外へ出ようとしたが、兵士たちは子どもたちを追い詰め、銃口を向けたのだ。彼らがひざまずいて涙を流して命乞いしたにもかかわらず、銃弾を撃ち込んだのである。まさに鬼畜の所業といえる。

宗田覚三は庭に避難したが、家に残した宝刀を持ち出そうと屋内へ入った。なかなか出てこないので心配した娘が戸を開けようとしたところ、兵士に射殺された。

もし屋敷に入ってきたら相手を説き伏せようと、丸腰で端座していた田村量平に対しても、兵たちは平然と発砲した。幸い、量平は軽症で済んだが、世嗣の政太郎は口元を撃たれて倒れてしまった。傷は重かったが、こちらも命はとりとめた。

記録によると、宗田覚蔵の娘のほか、井上省右衛門の妻が殺されているうえ、藤井市郎の娘、丹波猪右衛門、三宅達太郎、谷山万兵衛の妻といった女性たちが怪我をしており、徳島藩の襲撃兵たちが女性や子どもにも蛮行に及んだことがわかる。

なお、この攻撃で十五名が殺され、二名が自殺、六人が重傷を負った。さらに十四人が怪我をしている。

また、略奪や放火もおこなわれ、家臣たちの屋敷が何軒も焼け落ち、稲田家の学問所である益習館も焼失し、多数の和漢の書が灰燼に帰した。

首謀者たちに厳罰が

徳島藩庁は、翌十四日、東京から出奔して今回の騒動を起こした平瀬伊右衛門、大村純安、南堅夫ら六名の身柄を確保し、別の藩士の屋敷へ預けた。また、この頃になると、稲田家に対して暴力に訴えたら蜂須賀は絶家にするという政府の意向を知り、兵士たちは今回の所業について哀訴の上書を提出し、反省の弁と服罪の決意を述べ、知藩事の無関係を主張した。

五月二十日、この騒動は監察の林十郎三郎によって東京に伝えられた。

おそらく徳島藩の知藩事・蜂須賀茂韶は、頭を抱えたことだろう。ただ、翌日すぐに新政府の太政官に参内し、その詳細を報告したうえで「すぐに事態を沈静化したい」と帰国を願い出たのである。同時に家臣の上田応輔と本庄嘉盛を先に帰藩させ、徳島藩士たちに次のような知藩事・茂韶の告諭を公示した。

「今般兵隊の面々私に凶器を弄し容易ならざる暴動に相及候段天朝を蔑如し奉る所業誠に以て不届の事に候随って知事の職掌も相立たず其上天朝より如何様の譴責相蒙申すべきも難計何共恐入奉候次第猶一同此上決して心得違無之様恭順罷在

るべく候事」（『洲本市史』）

率直に今回の挙を非難し、徳島藩の存続が危ぶまれている状況を伝え、藩士たちに新政府への恭順をうながしたのである。

さらに二十八日、茂韶はみずから淡路島へ向かい、三十日に洲本に着くと、翌六月一日に藩士らを集め、徳島藩が存亡の危機に立たされている事実を伝え、取り調べには神妙に応じるよう通達した。

さらに徳島に帰城した茂韶は、藩士たちを集めてお家の存亡にかかわっていることを説き、事態の沈静化をはかった。このため藩士たちは落ち着きを取り戻し、事件の

洲本市の専称寺にある「庚午志士之碑」。蜂須賀側の慰霊碑で旧藩主・蜂須賀茂韶が揮毫

洲本市江国寺にある「招魂碑」。被害者が出た稲田側の慰霊碑

主謀者たちの身柄は他の藩士たちの屋敷にお預けとなった。

なお、東京にいた主謀者のリーダー格とされた新居水竹と小倉富三郎も、藩や政府から徹底的な取り調べを受けた。

同年八月、事件の判決が下された。

若者たちが事件を企てることを知りながら、これに同意したうえ、積極的に加担した新居と小倉は斬罪となった。また、東京から徳島へ戻り、現地で兵を集めて計画を実行した平瀬伊右衛門、大村純安、多田禎吾、南堅夫、小川錦司（おがわきんじ）、三木寿三郎（みきとしざぶろう）など、合わせて十名を斬罪とした。さらに二十六名を終身流刑（流終身）、一名を流罪七年、八名を終身禁錮、三十二名を禁錮三年、五名を禁錮二年半とし、四十四名に謹慎を申しつけた。また、藩主・茂韶も謹慎となったが、どうにかお家断絶は免（まぬか）れた。

斬罪とされた十名については、茂韶の憐憫（れんびん）によって切腹が許され、徳島にいた八名は九月三日に万福寺と蓮花寺（れんげじ）において自刃した。また、東京にいた新居と小倉は九月十五日に腹を切った。なお、主謀者たちについては家名断絶とはならず、嗣子や養子が家を継承することを許された。

他方、徳島で兵たちが暴発したさい、切腹によって彼らを食い止めようとした下条勘兵衛と牛田九郎には、新政府から遺族に対して二百両が下賜（かし）された。茂韶もまた二人を表彰した。

北海道開拓へ

さて、稲田邦植とその家中たちである。

事件発生当時、多くの家臣たちは隣の高松藩に避難し、なかなか国元に戻ろうとしなかったが、徳島藩の説得によってようやくバラバラと帰参した。また、新政府からは、焼失した屋敷の再建費用として四千両が下賜された。

ただ、もはや蜂須賀氏の直臣たちとの修復は不可能であろう。そう考えた新政府は、十月、稲田氏の知行高は同じとしつつ、彼らを徳島藩から切り離し、兵庫県の付属としたうえで、北海道への移住（日高国静内郡と志古丹島）を命じたのである。

もちろん、稲田氏としては嬉しい決定ではない。そのため徳島藩からの分離に異をとなえたり、なかなか北海道へ移ろうとしなかった。

一方、蜂須賀氏は早く出ていってほしいので、餞別として稲田氏に五千両を送り、移住をうながした。

そうしたこともあり、明治四年（一八七一）二月になると、稲田邦植は先陣を二手に分けて静内郡へ送った。赤穂浪士になぞらえたのか、全部で四十七名だった。さらに五月には邦植自身も静内にやってきた。こうして五百人以上の者たちが慣れない地での開拓を始めた。

ただ、現地のアイヌの人々は狩猟採取の生活を送っており、周囲はうっそうとした樹木や原野が広がっており、まずは道を切り開くことから始めなくてはならなかった。

邦植ら旧家臣が到着した静内（現在の北海道日高郡新ひだか町）には「開拓者集団上陸地」の碑がある（画像提供／新ひだか町博物館）

また、土地の開墾はなかなか進まず、とりあえず耕地になった土地には大根を植えたという。初夏になるとブヨに悩まされ、開拓どころではない状況となった。その年は、一戸平均一反（たん）程度しか耕地化できなかったという。

国元から運んできた家財道具や防寒のための綿入れなどは、東静内の佐野専左衛門に預け、彼が倉庫に品物を保管していた。が、七月になんと倉庫が火事になり、一切が焼けてしまったのである。開拓が進まないうえに家財道具の焼失は稲田開拓団を気落ちさせた。

邦植は、政府（開拓使）から三千両を借りて綿入れや布団を購入して対処したが、さらなる不幸が稲田家中を襲った。開拓の第二陣が淡路島から八月に蒸気船・平運丸（薩摩船籍）で出発したが、和歌山沖で暴風雨にあい、周参見浦（すさみうら）に入港しようとしたとき、岩礁に乗り上げ沈没してしまったのである。このとき、八十三名が犠牲となってしまった。

こうしたことにより、ますます移住は進まなくなってしまう。

この間、廃藩置県により、静内の開拓地は新たに北海道全域を統治する開拓使に形式上没収されてしまった。ただ、邦植と家臣たちの多くはそのまま開拓使の帰属となり、補助金などを与えられてそのまま事業を継続した。

さらに明治六年になると邦植の家族も移住してきた。永住するつもりだったのだろう。

ただ、四年後に西南戦争が起こると、邦植は陸軍の予備少尉に任じられ、旧家臣たちをつれて上京。その後は少尉となって札幌に勤めたので、静内での開拓については弟である邦衛（くにえ）が中心となった。

日清戦争後の明治二十八年（一八九五）、邦植は故郷の徳島に隠居、翌年、男爵に叙された。静内の開拓地や建物は邦衛が受け継ぎ、そのまま村長として地元に貢献した。なお、邦植は昭和六年（一九三一）まで生き、七十七歳の生涯を閉じた。

有馬頼咸

長い藩主生活を送るも家臣の対立で混乱

文政十一年（一八二八）〜明治十四年（一八八一）

ありま よりしげ

●国名　筑後国
●居城　久留米城
●石高　21万石

9代藩主・頼徳の七男として生まれ、19歳で久留米藩の11代藩主となる。その治世25年間は、家臣団の対立が絶えなかった。頼咸は将軍・家慶の養女を正室に迎えるため出費を重ね、藩の財政はさらに悪化。明治3年（1870）に久留米藩難事件、翌年には二卿事件と呼ばれる反新政府の事件が立て続けに起こり、知藩事となっていた頼咸には謹慎が命じられた。明治14年（1881）、54歳で逝去。

久留米藩（くるめ）

福岡県の一部。関ヶ原の戦いののちは田中吉政の所領となるが、元和6年（1620）、田中氏の改易後、福知山藩主・有馬豊氏が入封する。17世紀中盤の筑後川の治水・水利事業が藩財政を逼迫させ、歴代藩主が改革に臨むなか、放漫財政で財政を悪化させる殿様もいた。

有馬頼咸像（有馬家蔵）

家臣に藩主へと推されなかった

有馬頼咸は、久留米藩の十一代藩主である。文政十一年（一八二八）に九代藩主・頼徳の七男として誕生した。兄で十代藩主・頼永の養子に指名され、頼永が死去すると藩主になった。じつはもう一人、兄に茲監がいたが、すでに津和野藩主・亀井茲方の家督を継いで藩主になっていたので頼咸が家督を継いだのである。

しかし、家臣のなかには「頼咸では心もとない。弟の富之丞のほうが良いのではないか」と主張する者たちもあったという。長幼の順を逆にしてまで富之丞を推すのだから、頼咸はきっと凡才に見えたのだろう。なお、その富之丞はのちに

明治時代の久留米城。初代藩主・有馬豊氏以降、幕末までの約250年間、歴代藩主の居城となった（久留米市教育委員会蔵）

川越藩主・松平直侯の養子（松平直克）となり、やがて名君として世に知られた。

頼咸が家督を継いだのは、弘化三年（一八四六）の十九歳のときであった。その七年後にペリーが来航し、激動の時代が始まる。幕府はペリーの圧力に屈して開国し、四年後には列強諸国との間で続々と通商条約を結んでいく。かくして横浜、箱館、長崎で交易が始まると、輸出品の生糸や茶が品薄になり、それに連動して諸物価が高騰。庶民の生活は苦しくなった。このため排外意識が高まり、孝明天皇が強烈な攘夷主義者だったこともあり、尊王攘夷運動が高揚していった。

こうなってくると、どこの藩でも佐幕派、公武合体派、尊攘派などに分かれていがみ合うようになったが、すでに久留米藩ではペリーが来る前から門閥派、尊攘派など数派が分かれて争っていた。対立が高じた嘉永五年（一八五二）、尊攘派の稲次正訓や真木和泉、水野正名らが敵対派（佐幕派）を追い落とすため、頼咸に対し、「殿を廃そうとする動きがある」と直訴した。だが、調べてみてもそんな事実は出てこない。そう、讒言だったのだ。怒った頼咸は尊攘派をことごとく処罰したというが、おそらく反対派の巻き返しにあったのだろう。この事変を嘉永の大獄と呼ぶ。

以後、久留米藩政は公武合体派の家老・有馬監物や参政の不破美作が実権を握るようになった。そんな藩首脳部に対し、西洋にならった藩の近代化が必要であると説いたのは、用人の今井栄であった。この提言が受け入れられ、今井は近代化政策の中心となり、開成方（殖産興業を目的とする西洋技術の導入組織）を立ち上げた。

上海へ密航した今井栄

やがて今井は、佐賀藩の精煉方（いまでいう理化学研究所）の中心人物として蒸気船や大砲などを鋳造している田中久重が、もとは久留米藩の職人でからくり人形師の儀右衛門だと知る。すると今井は、久重を武士に取り立て十五石三人扶持を与え、藩の軍事力強化を依頼した。佐賀藩に比べて鎗水古飯田にある久留米藩の武器製造所は、あまりに貧弱だった。しかし、久重は故郷のために銃砲の製造に力を尽くした。

当初はなかなかうまくいかなかったが、慶応二年（一八六六）中に鉄製のアームストロング砲の模造に成功する。さっそく試射してみたところ、最大飛距離はなんと十キロを超えた。頼咸はこれを非常に喜び、久重に褒美を与え、職人たちに

「からくり儀右衛門」と呼ばれていた田中久重。芝浦製作所（のちの東芝の重電部門）の創業者

は酒をふるまったという。さらに翌慶応三年、頼咸は銃砲製造所を久留米通町に移転する。このとき千坪に拡大されたというが、ここで試作したレミントン銃を久重が献上したところ、大いに喜んだ頼咸は、なんと二万挺の製造を命じたのである。このため通町の製造所はたちまち手狭になり、久重は南薫町に二棟の工場を建ててもらい、蒸気機関を稼働させて銃砲の製造に励むことになった。

前年の慶応二年、今井栄は軍艦購入のため久重をともなって長崎へ出向いたが、良い船がなかったのでそのまま上海へ渡った。密航である。一説には、今井は初めから海外視察を断行しようと考えていたのだともいう。

当時の上海は、列強諸国の租界地（自治を許された居留地）として洋館が並び、港にも外国の軍艦や客船があふれかえっていた。しかも上海は、長崎から海を渡ってすぐに位置する。西欧を知るには最良の都市であった。長州藩の高杉晋作もかつて上海を訪れ、大きな衝撃を受けている。

磊落で「古今に通暁し」、「全身是れ知恵の固まり」（浅野陽吉著『十志士の面影』筑後郷土研究会）といわれた今井栄ゆえ、きっとこの目で西欧を見てみたいと思ったのだろう。久重を伴ったのは、彼が佐賀藩で蒸気船を建造し、さらに長崎海軍伝習所でオランダ人から学んだ経験があったので、軍艦の善し悪しを鑑定できると考えたからだろう。

攘夷派の若者たちが企てた暗殺

慶応四年（一八六八＝明治元年）一月二十六日に、今井の近代化政策は、突如終わりを告げることになった。

久留米藩の開化派政権がクーデターによって一夜にして崩壊したのである。

これより一月半前（慶応三年十二月九日）、王政復古の大号令が出され、朝廷に新政府が樹立された。新政府の主導権は倒幕派（薩長などかつての尊攘派）が握っており、挑発に乗った旧幕府軍は、慶応四年正月初めの鳥羽・伏見の戦いで薩長軍に大敗を喫し、前将軍・徳川慶喜（よしのぶ）は大坂城から江戸へ敵前逃亡した。これにより、徳川家は窮地に追い込まれてしまった。

このとき久留米藩は、薩長ではなく新政府に加担しようとしていた。じつは同じように殖産興業政策をとり、強大な軍事力を有していたのが隣接する佐賀藩だった。藩主の鍋島直正（なべしまなおまさ）は、側用人の千住大之助（せんじゅだいのすけ）を久留米藩に派遣し、「徳川家を支援すべく協力しよう」と持ちかけてきた。佐幕的な久留米藩にもちろん異論はない。こうして一月八日、頼咸は重臣らに書面をもって、徳川に忠を尽くすべく同月二十六日に上洛すると宣言した。おそらくこの時点では、鳥羽・伏見での戦闘結果は、確報として入っていなかったろう。

ところがそれからまもなく、徳川軍が瓦解し、慶喜が大坂城から敵前逃亡したことが判明する。しかも薩長方に錦旗の御旗が与えられ、慶喜が朝敵になったというではないか。もしこのまま徳川に与すれば、久留米藩も朝敵にされてしまう。

そう焦れたのが尊攘派の面々であった。すでに嘉永の大獄で藩内における往年の尊攘派は壊滅していたが、この激動期にあって若者たちの多くが尊王攘夷思想に傾倒するようになっていた。そんな彼らは、明治勤王党と呼ばれた。佐々金平、小河真文、有馬孝三郎、有馬大助など、ほとんど十代から二十代前半の若者たちであった。

事を挙げるのはいまをおいてほかにはないと考えた彼らは、一気に開化派政権を転覆しようと動いた。その手始めが参政の不破美作の暗殺であった。美作という名は、受領名の美作守ではない。容貌も才知も他人に抜きん出ていたので、藩主・頼咸が「お前は優れて立派ゆえ、美作と名乗るがよい」と直々に主君から頂戴した名前であった。

暗殺決行は、一月二十六日の夜に決まった。当日、藩庁から出てきた美作を刺客たちはつけ狙ったが、なかなかつけ入る隙がなく、事に及べぬまま不破邸の門前まで来てしまう。そこで焦った一人が不意に切り込むと、気配を察して美作がかわしたのか、刀が空を切りそのまま転げてしまった。剣の達人である美作は、すかさず刀を抜いたが、おそらく敵の多さに仰天したことだろう。二十数名が目の前にいたのである。

あいにく、美作は近眼のうえ夜目がきかない。そこで土塀に背中をピタリとつけつつ、敵に白刃を向けながら門のほうへじりじりと移動した。そうして門内から屋敷へ逃げ込もうとしたが、なんと門が固く閉ざされていたのだ。当然、家来たちは、外の騒ぎに気づいていたはずだ。けれど、あまりの大人数に驚き、己が身を守るために内側からカギをかけてしまったのだろうか。そのあたりの確かな内情はわからない。

が、ここにおいて、「今はこれまで」と観念した不破美作は、群がる敵に向かって切り込んでいった。驚くべきことに、この多人数を相手に美作は三十分近くも抵抗を続けた。が、さすがに力尽きるときがきた。すると、刺客団は二十数名でよってたかって美作を斬殺したのである。享年四十七であった。

美作の首を打ち落とすと、刺客たちはそれを持参して国家老の有馬主膳（ありましゅぜん）の屋敷に押しかけ、斬奸趣意書（ざんかんしゅいしょ）を差し出して開化派の重臣たちに厳罰をくだすよう強く求めたのである。

尊攘派に呼応する藩士たちが百名を超えたこともあり、勢いに押された藩の重臣たちは、ついに要求を受け入れた。翌日、藩主の頼咸もその行動を正当と認めた。

復権し復讐する尊攘派

こうして政権のトップにいた家老の有馬監物を筆頭に、二月初めに開化派の多くは職を解かれ謹慎処分となった。今井栄も三月には罷免されてしまった。一方、吉田丹波や水野又蔵など、拘禁されていた尊攘派の面々が赦免された。

暗殺を主導した明治勤王党の小河真文や佐々金平といった若者たちは、かつて藩の尊攘派として活躍し、いまは三条実美の側近になっている水野正名を迎え入れ、彼をトップとする尊攘派政権を樹立させたのである。明治勤王党の面々はあまりに若すぎたので、この古参の勤王家を担がなければ、藩政を安定させることは難しいと判断したのだろう。

水野政権が最初にやったことは、積年の恨みを晴らすための徹底した報復であった。

古参の尊攘派として藩政を握った水野正名。だが、最後には獄死することに（久留米市教育委員会蔵「水野正名写真」部分）

四月六日、有馬監物など開化派三十数名が知行を召し上げられ、牢獄に入れられたり、永蟄居を命ぜられたりした。すると数日後の四月十一日、有馬監物は病死した。ただ、おそらくは怒りのあまりの自刃だろう。それより前の同月六日、今井にも次のような処罰が下された。

「兼而志不正、専佐幕論ヲ主張シ、勤王之大道取失、剰不破美作奸曲ヲ助長シ、諂諛ヲ以御国是ヲ揆乱シ、上ヲ不憚所業其罪難遁、依之御容赦難成、罪一等ヲ減知行被召揚永揚屋へ被差越候」（『十志士の面影』）

このように尊攘派水野政権は、今井栄のことを「勤王の道から外れて佐幕を説き、不破美作の悪巧みを助長させ、媚びへつらいによって藩の政治を乱した」と決めつけ、知行を召し上げたうえ永牢、つまり無期懲役に処したのである。しかしながら格別の計らいということで、家名の存続は許されることになった。

こうして罪一等は減じられて死は免れるかに思えたが、翌明治二年（一八六九）一月二十四日、藩庁から「国是の妨けと成るを以て屠腹申付候」（『前掲書』）との沙汰が出た。この判決を牢獄で申し渡されたとき、今井はその役人に対して「よくわからない。もう一度、読み聞かせてくれないか」と言い、再度、判決文を音読させたという。おそらく、尊攘派に対してできる、せめてもの抗議だったのだろう。

　ただ、すでに己の死は覚悟していたようだ。というのは、入牢にあたり、獄中で手紙を書きたいからと妻に懐紙を頼んだところ、妻が大量の懐紙を渡したので「お前は俺の生命が左程長いものと思ふてゐるのか」（『前掲書』）と大笑したという逸話が残るからだ。

　かくして同月二十五日、今井栄は久留米城下の徳雲寺において同志八名とともに切腹させられた。自刃のさい、介錯人すら自分で選ぶことは許されなかった。まだ四十八歳であった。本人もさぞかし無念であったろう。戊辰戦争のさい山陰道鎮撫総督参謀として活躍した薩摩の黒田清綱は、今井の最期を聞き「久留米は惜しい人物を殺した」と嘆いたという。

反新政府の中心と見なされる

　その後、久留米藩は混迷をきわめていく。

　尊攘派であれば手当たり次第に役職につけたため、無能な人間と過激な若者で藩首脳部が占められてしまったからである。始末の悪いことには、そんな者たちが強力な親衛隊を持ったことだ。佐々金平の進言により、藩の正規軍のほかに、足軽の次男三男や農民・町人の子弟を構成員とする五百名の応変隊を創設したのである。彼らにはイギリス式の調練がほどこされたが、軍隊というより水野政権の私兵であり、この軍を使って徹底的に批判を抑え、恐怖政治を始めたのだ。

明治二年（一八六九）、新政府の版籍奉還の方針によって頼咸は知藩事となった。大名は形式上、土地と領民を朝廷に返還し、政府から知藩事という役人に任じられたのである。知藩事は年貢収入の十分の一を家禄として与えられることになった。ただ、家禄と藩財政が分離されたものの、知藩事が相変わらず藩政をとっており、実態は以前と変わらなかった。

すでに前年に新政府は五箇条の御誓文を出し、開国和親の方針をかかげ、江戸を東京と改称し、明治天皇は東京に行幸した。

これは全国の尊王攘夷派にとっては、裏切り行為であった。開国和親は旧幕府の国是だったからだ。自分たちは国内から夷狄をはらうために命をかけてきたのだ。そんな思いがごうごうと渦巻く炎のようになった。とくに尊攘派一色になった久留米藩では、その不満が強く、藩首脳部は公然と開国和親をとなえる新政府を批判するようになった。

明治二年正月には、新政府が諸藩の公儀人（重臣）を招いて会議を開いたが、このとき「久留米藩の公儀人有馬主膳は新政府の政策に対して『東京遷都反対、外国交際延期（開国反対）、郡県制反対（封建幕藩体制維持）、キリスト教厳禁」を述べて、政府に疑念を抱かせることになった」（林洋海著『久留米藩』現代書館）という。さらに翌二月には、明治天皇の東京行幸の先駆けを命じられたのに、頼咸は藩内の改革が不充分であることを理由に、五十日の休暇を申請して国元に帰ってしまった。新政府の命令を拒絶したのだ。こうした態度に不審を覚えた新政府は、頼咸の軍務官副知事という政府内の職を罷免した。

この頃、水野正名は一等大参事という職につき、藩政改革に邁進していた。応変隊に気をよくした水野政権は、農民や町人を取り立て、殉国隊や惣兵隊など新たな軍隊を創設した。

戊辰戦争が終結すると、明治二年六月、有馬頼咸は戦功により一万石の永世録（無期限の給与）を下賜された。

新政府は開国和親をとなえる一方で、復古的

久留米藩が軍事要塞化しようと企てた高良山から久留米市内を望む

な政教一致をかかげ、神道国教化を目指して神仏分離令を発し、神社と寺院を判然と分け神社から仏教色を取り除かせた。この政府の宗教政策を担っていたのが、頼咸の兄・亀井茲監とその重臣・大国隆正や福羽美静だったこともあり、久留米藩は寺院や神社が散在する高良山から徹底的に仏教色を取り除いた。ただ、この行動の目的はそれだけではなかった。水野政権は、この要害の地に広大な軍事的要塞を築こうと企てていたのだ。

こうした怪しい動きに対し、新政府の木戸孝允は「久留米、肥後二藩　尤巨魁と相見申し候」（木戸公伝記編纂所編『木戸孝允文書』日本史籍協会）と反政府勢力の中心は久留米藩と熊本藩だと述べている。

明治二年四月、明治勤王党の小河邦彦ら応変隊士十数名は、頼咸に藩庁内で不協和が起きていると直訴した。具体的な内容は不明だが、翌五月、これを受けて頼咸は藩の大参事や小参事に対し、「藩内が一新しているさい、有識者は互いに協力しなくてはならない。政権内で不協和があるようなので、たいへん憂慮している。ぜひ一統が協力して職務に励むように。でなければ私が断固とした処置に出る」と述べ、協調して藩政を進めるよう求めた。だが、状況がまったく好転しなかったので、嫌気が差したのか、七月に頼咸は知藩事を辞することを家中に告げた。驚いた家臣たちが必死に慰留したので、仕方なく頼咸は前言を撤回した。
どうやら水野政権内で内部対立が起こっていたようだ。なお、翌年になると、トップである水野正名自体が明治勤王党の動きを抑えることができなくなる。こうしてますます久留米藩は先鋭化していった。

長州藩からやってきた男

この頃、国内では新政府の政治に失望した農民たちの世直し一揆が続発するとともに、久留米藩同様、各藩でも不穏な動きが起こった。じつは新政府には、ほとんど軍事力というものがなかった。戊辰戦争を戦ったのは各藩の藩兵であり、戦後、いずれも帰藩してしまった。このため第二の維新が起こるのではないかと考えた諸藩は、その事態に備えて軍事改革に邁進するようになっていた。かなり危機的な状況だったのだ。

そうしたなか明治三年（一八七〇）正月、新政府の中核を担っていた長州藩で奇兵隊による大規模な反乱が発生した。奇兵隊は、周知のように高杉晋作が幕末に創設した士庶混成の洋式歩兵隊である。その後、続々と生まれた同様の部隊をあわせて諸隊と呼んだ。志によって結合した集団ということもあり、奇兵隊、諸隊は長州征討でも戊辰戦争でも大きな軍功を挙げた。だが、長州藩の正規軍ではなかった。このため戦後はその存在をもてあまし、長州藩はその一部を残して解兵を命じたのである。

選に漏れた多くは農家の次男・三男で、故郷に戻っても田畑がないので、職を失えば明日の糧（かて）にも困ることになった。ここにおいて隊士たちの不満が爆発、明治二年十一月末になると多くが山口（現在の山口市）の駐屯地から脱走、南下して宮市（みやいち）（現在の防府市宮市）や三田尻（みたじり）（現在の防府市三田尻）に集まり、その数は二千人に膨れ上がった。彼らは藩庁山口へ向かう交通を遮断、各地に砲台を構築した。驚いた山口藩庁は、脱走兵の慰撫（いぶ）につとめたが、彼らは解雇した戦傷者や老兵の保証、不正をしている幹部の厳罰、国体を軽んじる洋化政策の廃止などを求めた。

藩庁はその要求を受け入れると約束したが、それでも兵たちは駐屯地へ戻ろうとしない。さらに十二月になると、美弥（みね）郡や厚狭（あさ）郡、熊毛（くまげ）郡などで大規模な農民一揆が勃発した。

その主謀者は、来島周蔵という奇兵隊の脱走隊士だった。実は一揆を煽動（せんどう）して拡大させたのは、脱走諸隊の仕業だったのである。隊士たちは、農民に年貢の免除を約束し、協力させたのだ。

こうして長州藩は、内乱状態に陥（おちい）った。翌年一月になると、ついに脱走した奇兵隊諸隊が山口に押し寄せ、藩庁を包囲した。そして軍の一部が門を突き破って館内に乱入、藩首脳部に不正幹部の処刑を強要する。

このため二月になると、東京から木戸孝允が来着、藩の正規軍などを率いて三方から一斉に山口へ進軍させた。戦いでは約七万発以上もの弾薬が費やされたといわれ、最終的に木戸が反乱勢力を壊滅した。乱の首謀者三十五名は、山口郊外の柊刑場で斬首に処された。

なお木戸は、逃亡した者たちの徹底的な探索を杉孫七郎に命じた。杉も木戸への手紙に「脱隊兵は、草の根を分けても探し出す覚悟だ」とその決意を示している。こうして残党狩りは執拗におこなわれ、結果、諸国に放たれた有能な追っ手によって多数の兵が捕らえられ、最終的に百三十三名の脱走兵が斬首や梟首（さらし首）に処された。処刑は見せしめとして、わざわざ死刑囚の故郷において決行された。

しかし今回、反乱の主犯格の一人と目された男がなかなか捕まらなかった。名を大楽源太郎という。大楽は、大村益次郎の暗殺を教唆した主犯としても疑われていた。

安政の大獄以前からの古参の志士で、父の山県信七郎は長州藩の重臣・児玉氏の家来だったというが、大楽源太郎はその後、大楽家の家督を継ぎ、日田の咸宜園に学び、やがて京都で尊攘活動に身を挺するようになった。このため安政の大獄では藩に幽閉

防府市の繁枝神社境内にある「大楽先生之碑」。門人でのちの総理大臣・寺内正毅らが建立。大悪人とも呼ばれるが強烈に慕われた人物でもある

されたが、時勢が変わるとふたたび活動を始めた。

ただ、大言壮語するわりには実行が伴わず、高杉晋作らに忌み嫌われるようになり、禁門の変後は郷里に逼塞して漢学塾を開いて多数の門人を育成していた。そのなかに奇兵隊の反乱に参加した多数の諸隊隊士らがいたのだ。ゆえに長州藩では、大楽に山口への召喚命令を出した。大楽はこのことを親族や門弟に告げたうえで、門人の山根某を伴い山口へ向かった。途中、休憩した茶屋で便意を催したと言い、山根に大小を預けて便所へ行った。が、なかなか戻ってこないので、不審に思った山根が赴いたところ、大楽の姿は消えていた。そう遁走したのである。以後、各地を転々としつつ逃亡生活を続けてきたが、その大楽がなんと久留米藩に入り込んできたのである。

旧知の久留米藩士古松簡二を頼ってやってきたようで、政権を握る明治勤王党は、新政府に反旗を翻した英雄たる大楽をかくまうことに決めた。彼らは勤王一色だった

長州藩に敬愛の念を抱いていた。大楽をかくまった下妻郡溝口村の庄屋・横枕兎平も、「久留米領では、つい先ごろまで長州と聞けば、女子供まで赤子が親を慕うようにあこがれの的であった」（内田伸著『大楽源太郎』マツノ書店）と日記に記しているほどだ。明治勤皇党が創設した応変隊もある意味、奇兵隊の模倣であった。こうしたことを知って、大楽は久留米領に入り込んだのだろう。

一方、若き明治勤王党の面々は、頼りない水野正名に代わり、この大楽を首領として反政府ののろしを上げようとしたのかもしれない。

数ヵ月のつき合いで大楽を見限る

明治三年（一八七〇）十月、長州藩は大楽源太郎が久留米領内の横枕兎平の屋敷にかくまわれていることをつきとめた。そこで久留米藩に対して引き渡しを求めた。藩ではシラを切ったが、使者が横枕の名を挙げたので、仕方なく役人を派遣した。だが、このとき横枕が素直にかくまっている事実を告げ、すでにここにはいないと述べたので、役人は屋内を調べず、横枕を連行して長州藩に引き渡した。だが、じつはこのとき大楽は屋敷の二階に潜んでいたのだ。おそらく久留米藩も、それを知りつつ、あえて見逃したのだろう。

長州藩としてはまだ大楽が久留米にいると確信しており、翌明治四年正月、新政府に対して「脱走した奇兵隊諸隊の者のみならず、それを保護する者たちも逆賊なので討伐してほしい」と訴えた。

この頃、密かに秋田藩の初岡敬二や米沢藩の雲井龍男などが中心となり、公家の外山光輔と愛宕通旭を擁立し、東北から九州までおよそ四十藩を動員して新政府を転覆しようという計画が進みつつあった。奇兵隊の反乱をきっかけにこうした動きが起こったとされ、一説には、この計画に久留米藩を巻き込んだのは、大楽源太郎ではないかともいわれる。

高良山の要塞は、外山と愛宕の二卿を招くためだともいう。

こうしたなかで政府は明治四年二月、政府の直轄地である九州の日田県に巡察使として四条隆謌を派遣し、久留米藩の重臣たちを呼びつけて尋問をおこなった。これは、昨年末に続いて二度目の派遣であった。すでに新政府は、久留米藩の新政府の転覆計画の容疑を固めていた。

林洋海氏によれば、露見のきっかけになったのは、有馬頼咸の一言だったという。

頼咸は、兄で「勤王家の津和野藩主亀井茲監に叛乱軍に加わるよう相談を持ちかけた。亀井はこれを聞いて家老の福羽美静に諮ったところ、驚いた福羽は密かに政府に注進した」（『久留米藩』現代書館）というのだ。

そこで新政府は、有馬頼咸に上京を命じるとともに、巡察使の四条隆謌を派遣したのである。二月末、小河真文ら明治勤王党は大楽源太郎と密議をおこない、挙兵を早めることで一致した。しかしそれから十日も経たない三月七日に京都で外山と愛宕の二卿が逮捕され、さらに上京した頼咸が三月十日に身柄を拘束されてしまった。国元でも三月十三日に長州軍と熊本軍を伴った四条隆謌が城下に入り込み、政権の中心である水野正名、小河真文、沢四兵衛の三名を逮捕・連行したのである。すでに久留米藩の四境は、新政府方の大軍に囲まれている。強引に小河らを取り戻そうとか、挙兵しようという声もあったが、それが現実的でないこと明らかだった。さらに翌十四日にも何人もが日田へ連行されていった。

ここにおいて三月十六日、明治勤王党は会議を開き、お家の存続や藩主の命を第一に考え、口封じのため大楽源太郎を殺害することに決したのである。

そもそも久留米藩を転覆計画に巻き込んだのは大楽であり、なおかつ、この男が生きていれば逮捕されたあと、すべてをしゃべるだろう。たった数ヵ月のつき合いであったが、すでにこのとき明治勤王党の若者たちは、大楽という男の本質を見抜いていた。口はうまく煽動は巧みだが、誠実さにかけ己の命惜しさに平気で人を裏切るはず。

かわいそうだが、ここで死んでもらうしかなかった。

大楽はこの頃、弟の山県源吾と門人の小野精太郎と下僕の村田要蔵と行動をともにしていたが、明治勤王党の面々は、四人を言葉巧みに一人ずつにして、大楽には「久留米藩がいよいよ挙兵するので、その間、藩を離れてほしい」と頼み、案内するといって近くに筑後川が流れる高野産八幡宮(たかのうみはちまんぐう)の裏手に誘い出して殺そうとした。雨が降っていたこともあり、大楽は野外に出るのを渋ったが、どうにか出立させた。同行者は勤王党の柳瀬、松村の二人。三人は川の土手を下り河原に降り立った。このとき柳瀬がにわかに大楽に斬りつけ、松村がこれに続き、さらに茂みに隠れていた数名が飛び出してきた。大楽は深手を負いながら川へ逃れたが、力尽きて倒れた。そこを背後から斬りつけてとどめを刺したのである。そして持参して鍬(くわ)で遺体を地中に埋めたのだった。ところがその後大雨になり、遺体が姿を現すかもしれないと危惧した刺客たちは、遺骸を掘り起こして法泉寺に再葬したという。

なお、久留米城下には新政府の命を受けた熊本藩兵が押しかけ、久留米城を占拠した。こうして廃藩の四ヵ月前、事実上、久留米藩の藩政は停止されてしまった。

新政府は首謀者の小河真文は斬首、政権トップの水野正名ら多くを処罰した。この混乱のさなか、廃藩置県によって久留米藩は消滅したのである。

頼咸のその後

その後、久留米藩は久留米県となった。しかし、藩域の動揺はおさまらず、頼咸は家中に対して行動を自制するように呼びかけた。しかし八月には、旧応変隊の者たちが農兵や旧領民など二千人を糾合し、廃藩や頼咸の知藩事免官に反発して騒動を起こし、新政府軍が出動して制圧する事態になった。逮捕者は二百六十人近くにのぼったというから、いかに大きな騒動だったかがわかる。明治四年（一八七一）十一月、久留米藩は同じ筑後の柳川県と三池県と統合して十一月に三潴県となった。

なお、頼咸は明治七年に家督を頼匡に譲り、それから七年を生き、明治十四年（一八八一）に五十四歳で死去した。彼の二十五年に及ぶ治世は、藩内での抗争の連続で、いったん開化派が政権を握って安定したものの、皮肉にも明治維新のために藩内は争乱状態に陥った。頼咸は主導権を発揮して藩政を糺すことができず、時代遅れの明治勤王党に支配された久留米藩は、不幸な結末を迎えることとなった。だが、それが殿様というものであり、率先して藩政を担えるような大名は、幕末にはごくわずかしか現れなかった。だからこそ、彼らは名君と呼ばれるのだろう。

第3章

旧藩士を守るため

伊達邦成

艱難辛苦のすえ 北海道開拓に成功

天保十二年（一八四一）〜明治三十七年（一九〇四）

だて くにしげ

●家名　仙台藩一門亘理伊達家
●居城　亘理城
●石高　2万3000石
●爵位　男爵

岩出山伊達家9代当主・伊達義監の次男として生まれる。亘理伊達家に婿養子として迎えられ、14代当主に。戊辰戦争で仙台藩が降伏したあと、大幅に知行を減らされてしまう。そこで、家老の田村顕允の進言を受けて蝦夷地の開拓を決意。亘理伊達家の家臣とともに移住し、有珠郡の開拓に邁進する。廃藩置県で亘理伊達家の家臣たちは平民に組み入れられるが、のちに士族への復帰に成功。明治25年(1892)、男爵となる。

仙台藩一門亘理伊達家（せんだいはんいちもんわたりだてけ）

仙台藩主・伊達家の分家。伊達政宗を補佐した伊達成実の家系で、亘理郡や宇多郡などに約2万3000石を給され、代々、伊達宗家の藩政を補佐。14代当主・邦成の代に所領の大幅削減を受け、多くの家臣が北海道に移住。現在の北海道伊達市の礎をつくった。

伊達邦成（高橋勝蔵画／だて歴史文化ミュージアム蔵）

新政府軍にあっさり降伏した仙台藩

伊達政宗を藩祖とする仙台藩は六十二万石。東北最大の雄藩であり、しかも幕末の実収は百万石を超えていたといわれる。しかし、戊辰戦争のときに大きく道を誤った。

この戦争で仙台藩は当初、新政府に従う方針をとったが、新政府は朝敵となった会津藩や庄内藩を討伐するよう出兵を求めてきた。外様ながら政宗が徳川家康・秀忠・家光の信頼を得ていたこともあり、仙台藩士の多くは佐幕方の会津藩や庄内藩に同情的だった。だが、慶応四年（一八六八＝明治元年）三月になると、新政府軍の参謀である世良修蔵が仙台に着任し、藩校「養賢堂」を拠点として強く会津への出兵を要求してきた。

そこでしぶしぶ兵を送ったものの、できれば矛を交えたくなかったので、密かに会津藩に対し新政府に降伏するよう交渉をおこなった。

こうした態度に疑念を抱いた世良は、仙台藩にさらに強く会津攻めを迫ったので、仙台藩士たちは世良を蛇蝎のごとく嫌うようにな

仙台城址にある伊達政宗騎馬像

った。そんななかで事件が起こった。あるとき世良は、同じく参謀で秋田藩の新庄にいた大山格之助（綱良）に対し「仙台藩をはじめ東北諸藩はみな敵、打倒する策を立てるべき」と記した密書を送った。しかし、それがなんと仙台藩士の手に渡ってしまう。これを憎んだ仙台藩士の瀬上主膳らが、福島の金沢屋に滞在していた世良を襲って斬首に処したのだ。この暗殺劇は、仙台藩の首脳部も黙認していたという。

いずれにせよ、仙台藩は以後、反新政府の姿勢を鮮明にし、東北・北越諸藩を糾合した奥羽越列藩同盟の盟主の地位についた。だが、列藩同盟軍は近代化した新政府軍に歯が立たず、負けが込んでくると、仙台藩士たちの戦意は萎え、あっさりと降伏してしまった。拍子抜けするような結末で、これを伊達政宗が知ったら嘆くだろう。

ただ、戊辰戦争は関ヶ原の戦いとは異なり、勝者が藩を潰すことはなく、そのまま存続を許した（請西藩のみ例外）。仙台藩も断絶は免れた。とはいえ、六十二万石の石高は半分以下の二十八万石に減らされてしまったのである。仙台藩には約三万人の武士（妻子は除く）がおり、一族や重臣には一万石を超える者たちもいた。

亘理伊達氏もその一つだった。伊達政宗を補佐した伊達成実の家系で、亘理郡や宇多郡などに約二万三千石を給され、代々、伊達宗家の藩政を補佐してきた。戊辰戦争時の当主は邦成だった。前当主の邦実は、正妻・保子（佑姫。幕末の仙台藩主・慶邦の妹）との間に一男一女をもうけたが、次代を担う男児は幼くして歿し、このほか側室たちも合わせて五人の男児を生んだが、いずれも夭折した。しかも、邦実自身も安政六年（一八五九）に三十七歳の若さで亡くなってしまう。ただ、邦実と保子の娘・豊子（亀久姫）は存命だったので、亘理伊達家では、同じ伊達一族（岩出山藩主）の義監の次男・邦成を豊子と結婚させ、当主に迎え入れたのである。

蝦夷地へ向かうことを決意

戊辰戦争のとき邦成は二十八歳の青年であったが、戦後の処分で仙台本藩は大減封となったので、当然、亘理伊達氏の領地も減ったわけだが、その減り方が尋常ではなかった。驚くなかれ、二万三千石の石高がたったの玄米百三十俵（五十八石五斗）になってしまったのだ。ほとんどお家取り潰しといってよい無慈悲な措置であった。しかも、亘理郡など邦成の支配していた地域は、仙台藩領ですらなくなってしまった。二十万石から十三万石に減らされた南部藩が新たに入封することに決まったのだ。

邦成には家臣が千三百六十一人おり、その家族を含めると七千八百五十四人にのぼった。もし旧領が仙台本藩内であれば、たとえ無禄になっても家屋敷は残り、そこに住み続けることが許されたはず。けれど領内には南部藩士たちが入ってくるので、立ち退かなくてはならない。もちろん、南部藩に亘理の家士を雇用できる余禄などなく、邦成とその家中に許されたのは、現地で帰農して生きていくことであった。仙台本藩だって、直臣（じきしん）の面倒をみるので精一杯。亘理伊達氏の陪臣（ばいしん）にまで手が回らないどころか、すべての陪臣を解雇してしまった。

このままでは座して死を待つしかない。残されたのは、プライドを捨てて亘理郡で一農民として生きる道だった。そんなあきらめムードが漂うなか、家老の田村顕允（たむらあきまさ）（当時の名は常盤新九郎（ときわしんくろう））が邦成に意外な話を持ち込んできたのだ。

それは、蝦夷地（えぞち）の開拓であった。いまだ箱館五稜郭（ごりょうかく）を拠点に榎本武揚（えのもとたけあき）らが抵抗を続けていたが、新政府はこの勢力を来春に駆逐（くちく）したのち、大々的に蝦夷地を開拓する予定だった。しかもそれは喫緊（きっきん）の課題だったので、自費で移住して開拓にあたるなら、北海道での土地支配を認め（分領支配）、武士としての身分が許されるという噂を聞き込んできたのである。

蝦夷地開拓については、すでに江戸後期から始まっていた。ロシアが蝦夷地に触手を伸ばしてきたことに危機感を覚えた江戸幕府は、寛政十二年（一八〇〇）、半農半士の幕臣・八王子千人同心を開拓にあたらせた。が、これはうまくいかなかった。幕末になると、開明的な幕臣の勝海舟（かつかいしゅう）や福井藩主の松平春嶽（まつだいらしゅんがく）（慶永（よしなが））なども、浪人たちに開墾させることを構想し、坂本龍馬（さかもとりょうま）も実際に浪人たちを視察に派遣している。また、榎本武揚ら反乱軍も前年、新政府に対し「蝦夷地の開拓」を願い出ていた。

　ともあれ、田村顕允から話を聞いた邦成は、家中を引き連れて新天地へ向かうことを即断したのだった。

工作のすえ「有珠郡」へ

　さらに、どうせ蝦夷地に行くなら、その前に手柄を立てておこうと考え、仙台本藩に対して「渡海して箱館で榎本率いる旧幕府軍と戦いたい」と申請したのである。しかし、まったく相手にしてくれない。そこで邦成は、新政府に直接訴えようと思い立ち、田村顕允らを上京させた。だが、政府のつてが見つからず、そうこうしているうちに箱館戦争は終わってしまった。この頃になると、邦成は本藩に対し、盛んに亘理伊達氏の蝦夷地での開拓許可を求めるようになった。だが、なかなかよい返事がもらえない。そこでふたたび五月末に田村らを上京させて工作をおこなわせ、相馬中村藩（そうまなかむら）の家老・岡部庄蔵のつてで新政府に願書を提出、長州出身の参議（さんぎ）・広沢真臣（ひろさわさねおみ）と会うことができた。広沢は、亘理伊達氏の窮状をよく理解してくれ、実現の方向で動くことを約束したようだ。こうして八月、みずから上京した邦成は、蝦夷地開拓願いを正式政府へ提出、太政官はこれを許可し、蝦夷地胆振国のうち「有珠郡」の支配を仰せつけた。

喜んだ邦成は、今後のことについて田村らと入念な打ち合わせをおこない、翌九月十八日、国元に戻ると、菩提寺の大雄寺に家中一同を集め、蝦夷地開拓計画について説明した。残念ながら家臣たちがどんな反応を示したのかは記録に残っていない。ただ、この後の経緯を見ると、邦成の決定にほとんどが同意したものと思われる。

その後、仙台を訪れた邦成は仙台藩庁に報告したり、宗家に挨拶するなどしたあと、九月二十四日、家老の村木逸角ら八名を連れて蝦夷地へと向かった。すでに田村らが先発隊として十日前に東京から現地へ出立していた。邦成が開拓地の有珠郡に着いたのは、十月二十日のことだった。蝦夷地の一帯は雪に閉されていたが、田村顕允らが邦成一行を出迎え、そのまま先導して有珠開拓役所に入った。

その後、邦成と家中は、あたりの地形を検分し、「モンベツ（紋鼈）」と呼ばれている一帯を開拓の中心地とすることに決め、現地に住むアイヌの人々を招いて、酒やタバコなどを贈って協力を求めた。有珠郡には、百戸五百人以上のアイヌが住んでおり、彼らは馬を使っての畑作に長けていた。大豆や小豆などは国元のそれに決して見劣りしない良品だった。馬も多く放牧されていて、牧場経営にも将来性が見出せることがわかった。邦成は、この視察で今後の目途が立ち大いに安堵したようだ。

およそ八十日後、亘理に戻った邦成は、第一次移住団を翌明治三年（一八七〇）三月に松島湾から出立させることに決め、大晦日に大雄寺に家中の面々を集め、具体的な計画を語った。

最初の移住人数は、二百五十名の男女とした。ただ、単身者（成人男性）のみの移住は認めなかった。必ず夫婦あるいは家族が同行することを家臣たちに求めたのだ。もちろんこれは、背水の陣を敷くためだ。実際、これ以降におこなわれる士族の開拓（明治八年の屯田兵制度実施以前）は、ことごとくといってよいほどに失敗に帰している。それは、単身者を先に開拓地に送り、結局、苦しさに耐えかねて国元の家族のところへ戻ってしまったからだ。

邦成ら亘理伊達家首脳部は、そうしたことを事前に見抜いていたのだろう。だから家臣たちに対して家族移住を強要したのである。最初の移住戸数は六十戸を目標とし、うち二、三名程度は生活に必要な鍛冶、漁師、木挽、桶屋を連れていくこととした。米も一年以上困らないだけの分量を各自で用意させることとし、そのために家財を売るよう諭した。

これは家臣たちにとって大きな負担であったが、今回の移住者は、武士であればその身分を一級昇進させ、卒族（足軽など武士より身分が低い武家奉公人）は士分に取り立てると約束した。なお、二百五十名が渡航するための旅費一切は、亘理伊達家で支払うことを約束した。実際、邦成はそのために先祖代々の宝物を売り払っている。

義母も開拓地へやってくる

明治三年（一八七〇）三月二十九日、いよいよ第一次移住団が松島湾寒風沢から長鯨丸（官船）に乗り込み、四月六日に室蘭港に到着した。港はまだ一面白銀の世界であった。これを見た妻女たちのなかには、荒むしろを敷いて弁当を食べながら、しくしくと泣く者があったという。前途を思えば、もう不安しかなかったのだろう。

昼食後、第一次移住団は女性や子どもは馬に乗せ、男たちは歩いて有珠開拓役所を目指した。到着後、大所帯だったこともあり、住まう建物が足りず、しばらくの間、アイヌの人々の住宅に間借りせざるを得なかった。ただ、八日後には五十六軒の家屋が完成したという。もちろん、そんな驚異的な早さできちんとした家屋が建てられるはずもなく、ほとんどが掘っ立て小屋だった。

四月十七日、開拓役所の前にスモモの苗が十三本植えられた。邦成がみずから鍬を取って植えつけたのである。まさにこの鍬下ろしから亘理伊達氏の開拓事業がスター

第一次移住団が有珠に到着したときの様子（だて歴史文化ミュージアム蔵）

トしていくのである。移住者たちは五戸を「一伍」という単位として相互扶助する体制をとった。

邦成は家臣たちを前に対し、次のような布告をおこなった。

「一、何事によらず信実を旨とし、礼儀を重んじ、欲に走らず、心正しく行動すること。一、アイヌの人達を、侮り、欺き、騙し、からかってはいけない。一、アイヌの人達との売買や、その持馬を勝手に使役してはいけない。必要あるときは、支配所に申出ること。アイヌの人達の住居へみだりに立ち入ってはいけない。以上のことに違背する者は厳重に処罰する」（伊達市史編さん委員会編『伊達市史』伊達市）

アイヌへの配慮が見られるが、昔からこの地に住む彼らの助力なくしては開拓がうまくいかないことを知っていたのである。実際、アイヌと亘理移民団との間に争いはほとんど起こらず、むしろアイヌの人々は、開拓民に有珠の地理や天候などを知らせ、何くれとなく開拓を手助けしてくれた。

同年八月、第二次移住団が有珠郡に入ってきた。今度は七十二名（六十四戸）の少人数だったが、これからは続々と移住者がやってくる予定になっている。とても紋鼈を中心とする有珠郡だけでは手狭になっていくだろう。そこで邦成が、新たな開拓地の請願を政府に求めたところ、隣接する虻田郡の開拓が許されることになった。かくして第三次移住団は七百八十八名（百四十三戸）と、これまでで最も規模が大きく、邦成の家族もやってくることになった。その一員には義母である伊達保子も含まれていた。これは彼女がみずから望んだことであった。

のちに伊達家子孫から「伊達開拓の母」と呼ばれた伊達保子（高橋勝蔵画／だて歴史文化ミュージアム蔵）

保子（佑姫）は仙台藩主・伊達斉義の娘として文政十年（一八二七）に生まれ、十七歳のとき亘理伊達家当主・伊達邦実に嫁いだ。ただ、さすがの邦成も四十五歳の義母を極寒の地に連れてくることにためらいを覚え、保子の兄である前仙台藩主・慶邦にその思いを伝えた。そこで慶邦が保子に本音を尋ねたところ、彼女は、「大業のため、一藩がみな移住するということは、まことに大事であり、一同の心中を察すると感慨無量です。だが、このときにあたりじぶんひとりが残って安楽の道を求めるべきではないし、また、兄君がわたしの身をいたわってくれることは、まことにありがたいことではあるが、老いては子にしたがうのがなによりも心安らかです。邦成と苦楽をともにすることは、わたしの本望です。わたしはみずから進んでかの地にゆき、およばずながら豊子ともども、内事を助けて邦成の素志を達成させてあげたいと思うばかりです」（北海道総務部文書課編『開拓につくした人びと　第二巻　北海道の夜明け』理論社）

とその決意を語ったという。

こうして保子は、己の意志で家臣たちとともに仙台の石浜港から猶竜丸（ゆうりゅうまる）という汽船に乗って明治四年二月、室蘭港に上陸、有珠郡にやってきた。彼女は家臣たちから慕われており、亘理伊達氏開拓団の志気が大いに上がった。

ただ、前当主の正妻の住処（すみか）といっても、到底屋敷などとは呼べない小屋のような粗末なつくりで、床も荒むしろを敷いただけであった。また、食器もろくに手に入らず、帆立の貝殻を皿代わりに使用しなくてはならなかったという。家臣たちの暮らしは、さらに悲惨だった。じつは第三次移民団が到着した頃、邦成の開拓事業は頓挫しかけていたのだ。前年がたいへんな凶作で、なおかつ、港での漁獲量もかんばしくなかった。そのため大根や芋を食い尽くしたうえ、蕗を食べて飢えをしのいでいる状況だったのである。

廃藩置県で平民にされ激怒

さらに、第三次移住団がやってきた五ヵ月後、全国に衝撃を与える出来事が起こった。薩長による廃藩置県のクーデターが断行されたのだ。これによって地上から藩が消滅し、すべて県となり、中央から役人が派遣されて統治されることになった。藩主（知藩事）は東京居住を命じられ、藩士たちとの主従関係が断ち切られた。これにともない分領支配も終了し、翌明治五年、亘理伊達氏が開拓している有珠郡と虻田郡でも邦成の支配権は奪われ、開拓使（明治二年に北海道開拓のために設置された政府の省庁）が統治することになってしまった。

廃藩は全国的な措置なので、これだけならあきらめもつくだろう。だが、そうではなかったのだ。廃藩後、士族たちには新政府からそのまま禄が支給されたのに、なんと亘理伊達氏の家臣たちは平民に組み入れられ、家禄が与えられないことが判明したのだ。

「自分たちがはるばる故国を離れ、酷寒の地でこのような労苦に耐えてきたのは、士族という地位が保てるからだった。プライドのために歯を食いしばってがんばってきたのだ。こんなひどい扱いを受けることになるなら、故郷で帰農したほうがよかったではないか」

このとき邦成は心底激怒し、開拓地を離れて東京へ行ってしまおうと考えたようだ。しかし、彼は最終的に思いとどまった。そして開拓使の下級役人（八等出仕移住人取締）となり、「取締」という地位についてそのまま旧臣をたばねて開拓にあたることにしたのである。苦渋の決断だったろう。

幸い、亘理伊達移住団は三年間、開拓使から資金などの援助を受けられることになった。どうにか窮状をしのぐことができたが、邦成と家臣たちとの主従関係は消滅してしまった。が、以降も変わらず厚い信頼関係を維持しつつ、協力して土地の開墾を進め、同時に地元に残る旧臣たちを移住させていった。こうして亘理伊達氏の家臣団の移住は、明治三年から九回にわたっておこなわれ、総勢二千七百名に達した。

ただ、それからも開拓が順調に進んだわけではない。開拓使から受給する金銭だけでは到底開拓費用をまかなえず、邦成は私財から約三万両の金銭と七千俵の米を投入している。義母の保子も見かねて、自己の所有する宝物を不要品だからといって、邦成にその処分を願い出るほどだった。当初、邦成はその申し出を固辞したが、保子はこう言ったという。

「わたしは、かねてからあなたの心のうちを知っていました。あからさまにいうと、かえってあなたの心を痛める心配があったので、むしろ事に託してその費用を助けた

保子のものと伝えられる黒漆地葵紋蒔絵貝桶及び貝合（だて歴史文化ミュージアム蔵）

亘理伊達家に嫁いできた歴代花嫁が持参した雛人形。時代により人形の大きさ、顔のつくりも異なるという（だて歴史文化ミュージアム蔵）

いと考えていましたが、いまはなにも包みかくそうとは思いません。わたしはさいわいなことに、あなたがたの孝養によってなんの不足もありません。山海の珍味も、あなたがたがすすめる野菜にまさるとは思いません。にしきや、ぬいとりに飾られた衣服をまとうよりは、わたしたちの手織りのものを着るほうが望みなのです。ましてや、お金などわたしにはなんの用もありません。ただ、生きているあいだの願いは、あなたの宿望を一日もはやくとげさせてあげたいことだけです」（『前掲書』）

これに邦成は感泣し、その申し出を受け入れたという。

新しい農法を広める

明治七年（一八七四）、伊達邦成は開拓使に対し、西洋式犂（からすき）の払い下げを申請した。西洋式犂はプラウと呼ばれ、農耕馬に装着して土地を耕作（馬耕）する農具である。明治四年に開拓使の顧問であるアメリカ人のケプロンが持ち込んだものだった。ケプロンは明治四年から開拓使でアメリカ式農業の指導をおこなっていた。広大な北海道はアメリカ式農業法が適していた。邦成はこれに目をつけ、西洋式犂とともに犂を引くために訓練された農耕馬や指導者の派遣も要請した。同時に新しい農業法を学ぶ組織として「開墾農社」を立ち上げ、実験農場を新たにつくって移民たちに習得させた。

『伊達市史』によれば「明治十年から十四年までに開拓使が払下げたプラウの総合数二九五台のうち約四三％の一二七台を、紋鼈の開拓団が購入している」という。まさに北海道における新しい農法の拡大に亘理伊達氏が大きく貢献をしていることがわかる。

また、邦成は明治八年に開拓使から資金を援助してもらい、南部牛を四十頭ほど買い入れ、牧場を開設している。この牧場は「牛社」と呼ばれた。さらに翌明治九年には、すべての開拓民を社員とする「永年社」を組織、開拓使から支給される金穀の一部を積み立てることにしたのである。『伊達市史』によれば、

「この組織は後の産業組合とも考えられるもので、病気・災害など緊急のときの資金貸し出しから、共同物資の購入・出産物の移出販売・農社・牛社の経営、硫黄（いおう）の採掘（ニセコにて）菜種油の搾油、製網、大・小豆、菜種の委託販売、米穀購入などとまことに広範な事業をおこなっていて、生産物の販売先もまた生活必需品の購入先も不自由であった当時において、開拓者達の物心両面に潤すところの多かった組織であった」

と永年社の活動の詳細を解説したうえで、その効用の大きさを説いている。なお伊達保子は養蚕（ようさん）に力を入れるようになり、これにより家中の養蚕熱も高まっていった。

さらに酷寒の北海道だったが、家臣たちが工夫を重ね、稲の栽培にも成功した。

また、明治五年には開拓使の認可を得て有珠郷（ごう）学校を設置したが、さらにこの頃、紋鼈には病院や郵便局、波止場などもつくられ、町としての機能が整い始めた。いずれにせよ、士族という昔の身分にこだわった伊達邦成だったが、進取の気性に富み、新しい制度を受け入れることを一切ためらわなかった。こうした邦成や田村顕允らの奮闘によって、紋鼈を中心とする有珠郡の開拓は見事に成功したのである。

屯田兵制度で亘理伊達家臣団に期待が

ただ、他の開拓団は、ことごとくといってよいほど失敗してしまっていた。そこで政府は、開拓使長官・黒田清隆（くろだきよたか）の提案を受け入れ、明治七年（一八七四）に屯田兵制度を導入し、翌八年から入植が始まった。

先述のとおり、廃藩置県後も士族には政府から家禄が支給されていたが、驚くことに、その額を合わせると国家財政の約三〇％を占めていた。そこで政府は明治六年、家禄の返還希望者に一時金を支給することにした。これを秩禄奉還（ちつろくほうかん）の法と呼ぶが、好んで禄を返上するのは政府の役人ぐらいしかいなかった。そこで明治九年、政府は思い切って禄制を廃止した。これを秩禄処分と呼ぶが、すでにそれまでに士族の禄は大幅に減らされており、困窮する者たちが激増していた。そこで政府は士族たちを北海道の原野に移住させ、土地の開墾と北辺（対ロシア）の防備にあたらせようと考えたのだ。つまり屯田兵制度は、士族授産が目的の一つであり、とくに戊辰戦争で敗れた東北諸藩の貧しい士族が多く応募することになった。なお、この制度が廃止される明治三十七年まで、約四万人の士族（家族も含む）が定着したといわれている。

ただ開拓使では、明治四年の段階から北海道全域に移住者を送り込み、耕地化を急ごうとしており、邦成も開拓使の依頼を受け、各地に家臣たちを送り、開拓にあたらせていた。だから屯田兵制度の誕生にあたり、開拓使は亘理伊達家臣団の働きに大いに期待し、邦成に協力を依頼した。士族とその家族しか屯田兵になれなかったが、亘理伊達家臣団のために開拓団はその制限を撤廃したほどだった。そこで邦成は明治九年五月に三十六戸（百五十八名）を琴似と山鼻という屯田兵村に入植させたのだった。

明治十年、西郷隆盛を首領として大規模な反乱（西南戦争）が起こった。三万近い鹿児島県士族を中心とする反乱軍は、にわかに熊本城へ攻め寄せた。すでに徴兵制度は始まっていたが兵は農民が中心で、戊辰戦争を戦った鹿児島県士族に歯が立つと思えなかった。このため新政府は士族の力に期待し、兵を公募した。

とくに戊辰戦争で薩摩藩と戦った東北諸藩からの参戦を期待した。亘理伊達家でも

官立の製糖工場。工場建設のため道路や橋の整備がおこなわれ、街が栄え始めた（だて歴史文化ミュージアム蔵）

開拓使の強い要請に応じて、邦成を指揮官とすることや留守家族に対する扶助を条件として募兵に応ずることにした。こうして邦成は、旧家中から百五十名を選抜して同年六月に上京、軍事訓練をおこなって実戦に備えたが、戦いは政府軍の有利に進展したので、同年八月、有珠郡に戻ってきた。

明治十三年、開拓使は紋鼈浦浜の地に官立の大規模製糖所を設置した。甜菜（てんさい）（砂糖大根）から砂糖をつくる工場である。お雇い外国人を招き、フランスの機械を導入した。ただ、機械の調子が悪く、明治十六年に新たにドイツ式に変えて本格的な操業に乗り出した。

これにより、紋鼈では原料の甜菜の栽培が盛んになり、製糖所で労働者も必要になった。『伊達市史』によると、明治十七年（一八八四）の製糖所の職人は八十九名とある。さらに製糖所に原料や燃料、製品の砂糖を運搬するため、道路や橋、港の整備が急ピッチで進み、紋鼈は大いに発展していくことになった。明治二十年には製糖所の社長に田村顕允が就任している。

伊達邦成も十数年前に初めて訪れた原野が自分たちの努力によって町へと変わり、さぞかし感無量だったろう。

士族への復帰

さらに邦成を感激させたのは、ついに自分たちがふたたび士族に戻れたことであった。明治十八年（一八八五）、邦成は政府の内務大臣・松方正義（まつかたまさよし）に対し、士族復籍の請願書を提出した。その書面を見ると、自分たちのこれまでの開拓の功績をアピールしたうえで、「士族はやがてすべて廃止されると聞き、自分たちは仕方なく納得して平民となったが、旧武士は無禄であっても士族籍に入っている。ぜひ士族に復籍したい」とある。

その願いは、政府によって聞き入れられることになった。邦成とその家臣たちの喜びはひとしおだったろう。

ここにおいて同年七月、伊達邦成を盟主に、田村顕允を副盟主として旧亘理伊達家臣団が「士族契約書」を締結した。その内容は榎本守恵著『侍たちの北海道開拓』（北海道新聞社）に詳しく解説されている。同書を参考におおまかに概要を記す。

「士族契約書」では、七条にわたって守るべきことが記されている。朝廷を尊崇（そんすう）すること、亘理伊達氏を保護すること、互いに親睦し節義を守り廉恥を尊ぶこと、家産に励み倹約につとめること、子どもたちを就学させ人材を育成することなど。なかでも最後の七条はユニークである。

「第七条　同盟に背き破廉恥甚しき所業あるものは、同盟説諭し帰農出願すべき事」と題され、その説明として「士族契約の如きは法律制度の問うところにあらず。同盟諸氏の結約して其志操を固守するにあるなり、故に約に背き破廉恥甚しき所行あるときは、之を盟主に告げ、同盟説諭し、罪を悔い、民籍編入出願せしめ、契約を除名するに止るのみ」（『侍たちの北海道開拓』）

この誓約に反した者は、士族から平民になってもらうということで、亘理伊達氏がいかに士族という身分にこだわっていたかがよくわかる。

ところでこの頃、室蘭郡長を務めていた田村顕允は、部下のすすめで仙台から伝導に来た吉田亀太郎の説教を聞いた。吉田の祖父が亘理伊達氏の家臣だった関係もあるだろう。説教を聞いた田村は感激し、吉田の師ともいえる押川方義を招き、邦成はじめ人々を集めて話をしてもらった。こうして有珠郡にキリスト教の伝道が始まり、ついに田村は入信、さらに邦成も洗礼を受けた。そして人々の寄付金によって明治十九年に有珠に教会が設立された。多くの旧家臣も入信し、教会は人であふれるようになった。邦成と田村は、旧家臣団の精神的支柱としてキリスト教を選んだのではなかろうか。ただ、明治二十二年になると、ほとんど誰も教会に行かなくなった。記録には残っていないが、邦成と田村が信仰をやめてしまったらしいのだ。その事情は不明ながら、これにより他の人々も教会へ足を向けなくなったということが、邦成への封建的主従関係が維持されていることがわかり興味深い。

邦成は男爵を授けられ華族に

こうして伊達邦成とその家臣たちの北海道開拓事業は、およそ二十年の月日が過ぎた。明治二十二年（一八八九）、盛大に二十年記念祭が執行された。このおり保子は、「にいばりに　力を尽くせしももちは　珠（たま）有る里と　なりにけるかも」という歌を詠（よ）んだ。

「にいばり」とは開拓のこと、「ももち」とは数が多いこと。また「珠」とは美しいもの。つまり「これまで長い年月、開拓事業にあたってきた甲斐（かい）があり、ようやく有珠の地はすばらしい里になった」という感慨を込めたのである。

それから三年後の明治二十五年、亘理伊達氏の開拓事業は、その功績を政府から高く評価され、伊達邦成は男爵を授けられ華族に列した。これに関して、翌明治二十六年に発行された岡崎官次郎編『北海道人物誌 第一編』（北海道人物誌編纂所）は、邦成を次のように評している。

「旧時に於ける君臣の情義を繋ぎ、団結頗鞏固にして各自其事業に励精するの美風は、皆是れ氏（邦成）の養成に依るものなり。宜なる哉客秋新に男爵を授けられたること。嗚呼、有珠郡紋鼈は北海道開墾地の模範地にして、男爵伊達邦成氏は実に開拓者の亀鑑と謂つべきなり」

このように、当時から世間でも伊達邦成は、評判が高かったのである。

さて、これまでも邦成は、義母の保子にたびたび「東京品川にある屋敷に戻って安楽な余生を過ごしてほしい」とすすめたが、保子は頑としてこれを受け入れようとしなかった。しかし明治二十六年、亘理伊達氏が華族に列したこともあり、ようやく保子は邦成の願いを容れ、北海道の地を離れた。

男爵となった邦成は、それから十二年を生き、明治三十七年（一九〇四）十一月二十九日に六十四歳の生涯を閉じた。奇しくも伊達保子（享年七十八）が逝った半月後のことであった。

ところでなぜ、伊達邦成と田村顕允率いる亘理伊達家臣団だけが、開拓の成功をおさめたのだろうか。

『伊達市史』はその理由を、従来の主従関係も消滅した「混乱の時に、己の安穏のみを計ろうとする旧領主もある中で、亘理領主だった伊達邦成は、伝来の家宝までも売り払って旧家臣の救済に当て、彼等のため遂に有珠郡を安住の地に創り上げたのである」とする。まさに至言であろう。これに加え、家老だった田村顕允の導きと義母の伊達保子の支援もたいへん大きかったと思う。しかしながら、その最大の理由は、誠実で責任感の強い主君・伊達邦成を、失敗という恥辱にまみれさせてはならない、というすべての家臣たちの思いがこの奇跡的な成功を生んだのではなかろうか。

邦成が亡くなる四年前の明治三十三年、紋鼈周辺の村々は六ヵ村が合併して伊達村となった。そう亘理伊達氏にちなんで命名されたのである。邦成が亡くなったとき、人々は村葬をもってその功績に報いた。やがて伊達村は大正十四年（一九二五）に伊達町、さらに昭和四十七年（一九七二）に伊達市となった。そんな伊達市内の伊達神社（旧社名・鹿島国足神社（かしまくにたらしじんじゃ））には、いまも伊達邦成が田村顕允とともに祭神として祀られている。

黒田長溥

藩主を辞したのちの贋金騒動解決に尽力

文化八年（一八一一）〜明治二十年（一八八七）

くろだ ながひろ

●国名　筑前国
●居城　福岡城
●石高　47万3000石
●爵位　贈侯爵

薩摩藩主・島津重豪の十三男として生まれる。文政5年（1822）、福岡藩主・黒田斉清の養子となり、天保5年（1834）、11代藩主に。家老・久野外記に財政改革を任せるも失敗。この後、親政をおこなう。嘉永3年（1850）、実家である島津家のお家騒動を仲裁。慶応元年（1865）には藩内の勤王志士を弾圧（乙丑の獄）するが、明治維新後に新政府から事件の責任者の処分を求められる。その後、隠居するも贋金騒動の結果、東京移住を命じられる。

福岡藩（ふくおか）

福岡県の大部分。関ヶ原の戦いの功績により黒田長政が入封。幕府から佐賀藩と1年交替で長崎の警護を命じられ、重い財政負担に苦しんだ。2代・忠之のときには黒田騒動と呼ばれるお家騒動が勃発。江戸時代後期の10代・斉清は蘭癖大名として知られる。

黒田長溥（福岡市博物館所蔵　画像提供：福岡市博物館／ DNPartcom）

蘭学を好む実父と養父

福岡藩は幕末まで代々、黒田氏が領主として統治してきた。藩祖は黒田長政である。軍師として有名な黒田官兵衛孝高の嫡男である。もともと父の跡を継いで豊前国（現在の大分県）中津を領していたが、関ヶ原の戦いのさい吉川広元や小早川秀秋を寝返らせることに成功したので、家康に軍功を認められ、ほぼ筑前一国（五十二万三千石）を与えられた。その後、秋月藩など支藩が生まれたこともあり、その石高は四七万三千石となったが、それでも約二百六十ある諸藩のなかで七位の大大名として国替えもなく筑前国に君臨し続けた。

ただ、その血統は六代藩主・継高の代に途切れてしまい、七代藩主には御三卿の一橋家から治之を迎えた。さらにその治之も後継者がなく、讃岐国（現在の香川県）多度津藩主の京極氏から治高を養子に迎えたが、やはり子がないまま治高も二十代でなくなり、ふたたび一橋家から斉隆を迎えて九代藩主とした。ただ、斉隆の嫡男で十代藩主の斉清に子がなかったことで、長溥が薩摩藩島津氏から養子に入って十一代藩主を継ぐことになったのである。

長溥の実父・島津重豪（八代藩主）は、娘の寧姫（広大院）を十一代将軍・徳川家斉の正室としたことで、幕府の権威を背景に高輪下馬将軍とささやかれるほどの権力をもつようになった。長溥が生まれた文化八年（一八一一）には、とうの昔に藩主を引退していたが、孫の斉興を藩主にすえ完全に薩摩藩の実権を握っていた。しかも多くの子女をもうけ、中津藩、丸岡藩、桑名藩、新庄藩、八戸藩などに我が子を養子や嫁として輿入れさせていた。ただ、十三男の長溥が福岡藩に養子入りしたのは、重豪の趣味と関係があったと思われる。

重豪は蘭学に強い興味を示し、オランダ船に乗ったりシーボルトと交わったりした。じつは、同じく長溥の養父で福岡藩主の黒田斉清も蘭学を好み、シーボルトの鳴滝塾に多くの藩士を送って西洋の医術や技術を学ばせていた。そんなことから重豪と斉清はともに蘭癖とあだ名されており、共通の趣味ゆえ縁戚関係を結んだのかもしれない。一説には、斉清が聡明な少年長溥を気に入り、彼を養子に欲しいと重豪に頼んだともいわれる。

長溥の実父、薩摩藩8代藩主・島津重豪

家老が財政改革に乗り出すも失敗

こうして十二歳の文政五年（一八二二）

長崎で「鳴滝塾」を開いていたシーボルト。このとき日本には6年滞在した

に黒田家に入った長溥だが、世嗣時代から義父の斉清に伴われてシーボルトと会っており、成人後はやはり蘭癖大名となった。とくに博物学と鳥類学に没頭したが、シーボルトの解剖学の講義をうけたさい、長溥自身もアルコール漬けにされた人体を手に取ったという。ただ、そのまま神社に参拝しようとしたところ、穢れを心配した家臣が止めたとされる。天保十二年（一八四二）にはシーボルトの高弟となった福岡藩士たちが領内で初めての人体解剖をおこなっている。

さて、二十代から眼病を患っていた黒田斉清は四十歳の天保五年（一八三四）、二十四歳の長溥に藩主の座を譲った。この時期、実家の薩摩藩をはじめ諸藩では藩政改革がおこなわれており、斉清も藩主の交代を機に赤字財政を好転させようと、家老の久野外記に改革を命じた。久野は、眼科医の白水養禎の「存寄書」をもとに改革を進めた。

まずは財政難を打開するため大量の銀札（藩札）を発行。さらに銀主（メインバンク）の鴻池屋と加島屋の巨額な借金を据え置きというかたちで踏み倒した。また、城下を繁栄させるため、常設の芝居小屋を認めて七代目・市川團十郎など有名な役者や芸人を呼び込み、歌舞伎や相撲、富くじなどのイベントを盛んにおこない、遊覧船や夜店の営業を許すことにした。驚くべきは、献金すれば領民にも苗字帯刀を許し、藩から扶持米を与えることにしたのだ。これまでの身分制度を覆すような政策だった。

だが、藩主交代の経費や幕府に対する新藩主・長溥の昇進運動費、斉清の隠居料などがかさんで蓄財が進まず、加えて天保七年の大洪水で多大な被害を出してしまう。さらに藩札の価値が下洛、城下殷賑策により素行のよくない人々が福岡に集まり、風紀が乱れていった。この結果、改革反対派が力を握り、久野外記は失脚、改革は中断してしまった。

これに衝撃を受けた長溥は、政治を人任せにせず、親政をおこなうようになった。

幕府が開国すると、福岡藩が警備を担う長崎には、オランダ以外の西洋人が居住するようになった。長溥は国際都市長崎に有能な家臣たちを送り、外国人たちからさまざまな技術を学ばせた。また、城下に精煉所と称する現在の理化学研究所のような施設をつくり、ガラスや写真術、メッキ、製薬、陶磁器、鉄の精錬、武器などを研究・製造させた。西洋の技術を用いた殖産興業をはかったのだ。

さらに、西洋式の医学校の設置を構想する。開国前、佐賀藩医が長崎で牛痘接種に成功していた。これを知った長溥は、家中の反対を押し切って西洋伝来の牛痘接種を領内に進めていた。

だが、西洋式医学校計画は、強い反対を受けて頓挫してしまった。

「殿様は愚昧だ」という屈辱

ちょうどこの頃、各地で尊王攘夷運動が盛り上がり、家中でもご多分にもれず中老の加藤司書徳成を首領として筑前勤王党がつくられ、司書が安政三年（一八五六）に執政の地位につくと、月形洗蔵、鷹取養巴、中村円太、平野国臣ら尊攘派が藩内で大きな政治力をもつようになった。そして福岡藩の大老・黒田播磨の支援を受け、慶応元年（一八六五）には藩政を握るようになった。

ただ、その施策は極めて復古的なものであった。長溥は開国和親を望み、武器や兵式も西洋式への転換を進めていたが、政権を握った尊攘派はそれを否決してしまった。これに長溥が反発すると、司書は「殿様は愚昧だ」と愚弄し、長溥を隠居させて養子の長知（津藩主・藤堂高猷の子）を擁立しようと動いた。こうした状況に長溥は忸怩たる思いだったが、口をつぐんでグッと耐えた。

その後、司書ら筑前勤王党は、第一次長州征討のさい、征討軍や長州藩に働きかけて武力衝突の回避に貢献したり、八月十八日の政変で都落ちして長州にいた五卿を、領内の大宰府（だざいふ）に移すなど、天下の政治にも力を発揮するようになった。

こうして福岡藩は勤王藩として知られるようになったが、やがて藩内の尊攘派が分裂して対立するようになる。さらには幕府が長州再征を決定。すると、苦境に立った月形ら過激分子は、長溥を幽閉して世嗣・長知を奉じようと計画。これを知って激怒した長溥は、一気に尊攘派の弾圧を断行する。

こうして筑前勤王党の党員やこれに与（くみ）する者たちがことごとく捕えられ、百五十人近くが処罰された。月形洗蔵は斬罪、首魁（しゅかい）で家老の加藤司書も切腹を申し渡された。この慶応元年六月に始まった福岡藩の尊攘派大弾圧を乙丑（いっちゅう）の獄（ごく）と呼び、これにより領内から尊攘派は一掃され、藩内は長溥率いる公武合体派でまとまることができた。

加藤司書の墓所がある福岡市博多区の節信院

福岡藩の悲惨な運命

ところが翌年、長州再征で幕府の征討軍は長州軍に敗北、死去した家茂に代わって一橋慶喜が将軍になって幕政改革を進めたが、倒幕派の勢いはいかんともしがたく、慶応三年（一八六七）十月に大政奉還を表明して政権を投げ出した。同年十二月九日、薩摩、土佐、佐賀など数藩が朝廷でクーデターを起こし、王政復古の大号令が出され、新政府が樹立された。

こうした流れのなかで、福岡藩は牢獄に入れた尊攘派を解放。さらに翌年正月、鳥羽・伏見の戦いで旧幕府軍が敗北し、慶喜が朝敵になると、藩内で政変が起こり、黒田播磨ら尊攘派がふたたび実権を握ったのである。

ただ、これまでの経緯を知っているので、新政府は、福岡藩には極めて冷淡だった。福岡藩としては心証をよくするため、戊辰戦争に積極的に派兵したが、かつて藩内尊攘派に阻止され洋式兵制に転換できなかったため、福岡藩軍は情けないほどの弱兵で、ほとんど実戦で用をなさなかったという。

これは、隣国の佐賀藩（肥前）とは対照的だった。藩主の鍋島直正は尊攘派の台頭を許さず、みずからの主導ですさまじい改革を断行して精強な洋式軍をつくり上げた。佐賀藩が新政府方になると旗幟を鮮明にしたのは鳥羽・伏見の戦い後だった。にもかかわらず、戊辰戦争で驚くべき軍功を立てたことをもって、戦後は薩長土肥といわれる新政府の大派閥の一角に食い込むことができたのである。

一方、これから詳しく述べていくが、福岡藩は悲惨な運命をたどることになる。

徳川家が無血開城をおこなう直前の慶応四年（一八六八＝明治元年）四月四日、新政府は福岡藩に対し、乙丑の獄を起こした責任者の処分を求めた。このため長溥は反尊攘派の家老であった野村東馬、浦上数馬、久野将監の三名に切腹を申し渡し、このほか多数の藩士たちを流罪、謹慎、閉居、隠居などに処した。野村東馬はまだ二十九歳の若者であった。

これらの者たちは長溥の側近であり、まさに断腸の思いだったろう。

責任を感じたのだろう、あるいは嫌気がさしたのか。長溥はこの直後の四月十五日、持病を理由に世嗣の長知に家督をゆずり、隠居したい旨を新政府に届け出た。ところが政府はこれを認めず、「ゆっくりと病の加療に専念するように」と申し渡した。

だが長溥は翌明治二年（一八六九）二月三日、再度、新政府に隠居願いを提出する。

そこには「当年、私は五十九歳となり、ずっと肩や背中が痛く、咳の持病がありま す。これに加えて近年は頭痛やめまいがひどく、動悸もいたします。このため昨年春のお召しもお断りせざるを得ませんでした。昨年十月も上洛しようとして体調がすぐ

福岡藩12代で最後の藩主・黒田長知

れず、代理を派遣することとなってしまいました。この宿痾（しゅくあ）は全快するのは難しいので、昨年もお願いしたように長知に家督を譲り、隠居させていただきたく存じます」

この二度目の隠居願いは政府の許すところとなった。こうして新藩主には養子の長知が就任した。ちょうどこの頃にほぼ終わりを迎えた戊辰戦争だったが、福岡藩では二千三百七十名の兵士を送り出し、六十六名が戦死し八十四名が負傷するという大きな犠牲を払っていた。ただ、痛手だったのは人的被害だけではない。この戦争に膨大な金銭を支出することになってしまったのだ。福岡藩では長溥の治世当初に藩政改革が失敗してから、財政は悪化の一途をたどり、借金は百十万両になっていた。それが今度の戦費でさらに借財が増え、藩財政はほとんど破綻同然になってしまった。

贋金をつくって派手に使う福岡藩

この状況を好転させるため、福岡藩は禁断の果実に手を伸ばした。贋金（にせがね）づくりである。旧馬廻組の山本一心がこの禁じ手を主張し、それに大参事の郡成巳や権大参事の小河愛四郎らが同意したことで、通商局において密かに政府の太政官札の偽造が始まった。この違法行為については、小河の上司である大参事の立花増美と矢野安雄も許可していた。すなわち藩ぐるみの不正行為だった。

通商局は、藩の物産を諸国に売買する名目でつくられた役所である。山本は、通商局に大量の紙を仕入れ、絵師に下絵を描かせて表向きは「通商札」を製造させたという。通商札というのはおそらく、藩だけで通用する藩札（紙幣）のことだと思われる。ただ、その裏で、大量の太政官札を刷りまくっていたのだ。また、別の空き屋敷（旧野村東馬邸）では、一分銀も贋造された。

ただ、こうした贋金づくりは、前述のとおり天保年間に長溥の出身である薩摩藩でも大規模におこなわれてきた。なおかつ、この維新の混乱期、諸藩でも密かにおこなっていた。

ちなみに太政官札というのは、新政府が発行し始めた高額紙幣のことである。周知のように新政府の財政も火の車だった。そこで明治元年（一八六八）五月から通用期限を十三年と限ったうえで、膨大な紙幣（合計四千八百万両）を発行し、額面どおりに金銀貨と交換させた。さらに各藩に太政官札を一定の額割り当て、強引に流通させた

日本初の全国通用紙幣、太政官札

のである。ただ、新政府の信用がまだ薄かったことや福岡藩のように札を贋造する藩が多かったこともあり、その価値は下落する一方だった。そこで新政府は、諸藩の贋金づくりを取り締まるべく、目を光らせるようになった。

とくに福岡藩はあまりに贋造の額が大きく、しかもその使いっぷりが大胆だった。久留米や長崎などで贋札を使用して米などを買い、さらに福岡藩は、北海道の物産を購入するため藩船を出したが、このとき敦賀や新潟、酒田などに寄港しながら行く先々で品物を贋札で買い入れ、派手に遊んだ。そして、その品物や贋札を北海道で放出して鰊や昆布などを手に入れて帰還したのである。

福岡藩にほど近い幕府の直轄領日田は、明治元年に日田県となったが、その初代県知事が薩摩出身の松方助左衛門正義であった。経済官僚として薩摩藩で栄達した松方は、密告もあって福岡藩の太政官札の偽造を問題視し、内偵を進めていた。そして、あまりの規模の大きさに愕然とし、明治三年六月、東京へ行って政府に訴えたのである。

長州藩の木戸孝允の六月十二日の日記には、その件が触れられている。補足を加えつつ原文で紹介しよう。

「日田知県事・松方助左衛門（正義）、出京、北筑（福岡藩）贋札の証を訴う。依て今日大に此所致を論ず」（妻木忠太編『木戸孝允日記 第二』日本史籍協会）

この日、政府の朝議で福岡藩の贋札づくりの件が大いに議論されたようだ。

また、同日の大久保利通の日記には、この朝議ののち、薩摩出身の高官たちが「岩倉（具視）家へ集会、筑（福岡藩）贋札御処分之議有之、種々之論有之候得共、小夫（大久保）見込豪然相立候」とあり、さまざまな議論が交わされるなかで、大久保は厳罰に処すべきだと決意したようだ。岩倉に対して提出した意見書で、政府を愚弄する福岡藩の罪を天下に明らかにし、「断然御処分被為在候而一途に貫き候はずではいけぬ」（『大久保利通文書 第三』日本史籍協会）と提言している。

なお、松方による出訴のタイミングは、福岡藩にとって最悪であった。この時期、諸藩による贋金づくりが横行しており、前日（十一日）の木戸の日記を見ると、岩倉具視と「会津藩其他贋札」問題について話をしており、木戸は「こうした諸藩による贋金づくりは国家の前途を考えると、じつに憤慨に堪えない。断固として処罰すべき。

このままにしておいては、必ずや国家の大害を生ずることになるだろう」と記している。

四ヵ月前、旧会津藩領の若松県で旧会津藩士らが贋金工場を設け、贋の二分金をつくっていたことが発覚していた。ちょうどそんなところに松方が出訴に及んだわけで、新政府の重職たちは、「福岡藩をスケープゴートにして諸藩の贋金づくりを根絶しよう」ということにまとまってしまったのだ。

ガサ入れで暴かれる贋金づくりの実態

こうして政府は、監察機関である弾正台（だんじょうだい）に捜査をゆだねた。そこで弾正台は、密偵を派遣するなどして福岡藩の内偵を進め、翌七月十九日、弾正台の役人である渡辺昇（わたなべのぼり）（大村藩出身）が三十名の兵を連れて博多に入った。そして翌日早朝、いきなり福岡藩庁、そして贋金づくりがおこなわれていた通商局などに乱入したのである。福岡藩側は、この摘発を予想だにしておらず、パニック状態に陥（おちい）った。

当時の状況は、福岡の富商・加瀬元将（かせもとまさ）が書き留めた「維新雑誌」（福岡市史編集委員会『新修 福岡市史 資料編 近現代① 維新見聞記』福岡市）に詳しい。原文を適宜入れつつ状況を紹介していこう。

弾正台の渡辺昇は、長崎へ向かう途中、福岡に止宿するという触れ込みで大村藩軍の兵三十人ばかりを連れて宮内町縫屋三兵衛方に泊まり、翌朝、兵を分散させて通商局、旧野村邸、銀会所、藩庁に入り込み、ガサ入れをして証拠を押さえた。

加瀬はこのときの様子を「博多大騒動」と表現している。さらに弾正台の兵が「不意ニ乗込」、「多人数召捕」、弾正台の役人「其勢ひ凄しく」、「藩政庁之周章不大方」、「俄ニ贋金・器械・諸道具押隠しなど致候内ニ諸職人ハ壁を破り塀を越し、隣屋敷へ逃込など、言語道断之為体ニ有之たる由、弾台ハ確証と可相成品物等奪取引返し」、「諸帳面等取上ケ、蔵を明ケさせ」、「銀預札、通商局の新札出来致し蔵入ニ相成居候分など取出し、持帰候」（『前掲書』）

このように証拠品の贋札製造機、贋札、帳簿などを渡辺ら弾正台の役人たちは手早く押収し、さらに捕まえた者たちを縫屋の裏へ押し込め、厳しい取り調べを始めた。

加瀬が驚いたのは、福岡藩が贋金にかかわった職人や町人ら七、八十人を逮捕して牢屋や寺院に押し込めたことであった。弾正台の命令だと思われるが、加瀬は「いったい彼らにどんな罪があるのだ。藩の御用で安い給金で精勤していた者をこのように扱うなど、言語道断なことであり、恐れながら福岡藩を恨むのはもっともなことである」と憤慨している。

七月二十三日、渡辺昇ら弾正台の役人と兵は小倉へ引き上げることになり、福岡を出立した。ところが福岡藩主（知藩事）の黒田長知がみずから馬に乗ってそのあとを追いかけていったのだ。これに続いて藩の大参事など高官たちが続々と続き、青柳という場所で追いつき、近くの茶屋で話し合いがなされたという。この場面は多くの町人が目撃するところとなったのだろう。そもそも一藩の主が城から一騎駆けをするなどあり得ないからだ。

このためさまざまな憶測が駆けめぐったようだ。加瀬は主たる二説を「維新雑誌」で紹介している。

長知が計司（会計担当）の三隅伝八と吉村五平に贋金の件を尋問したさい無実を主張した。ところが、後日になって、急に証言を翻したため、驚いて渡辺らに報告すべくあとを追いかけたという説。

弾正台の役人たちが盗賊同様、城内に入り込んで無体な所業をしたことに福岡藩士たちが激高し、一人も残さず討ち果たすべきだとか、籠城して死ぬべきだなどと主張する者が現れたので、弾正台の役人一行に危害が及ぶのではないかと、心配のあまり、あとを追ったという説。

長知の行為と、弾正台役人たちとの茶屋での会談内容は不明ながら、長知としては彼らが福岡を離れる前に贋金づくりの罪が軽くなるよう、最後の弁明をおこなったのではなかろうか。

贋金づくりについては、権大参事の小河愛四郎が「すべては自分の一存から実施したことである」と自訴した。このため彼は七月二十六日、小倉の弾正台出張所へ送られた。ただ、政府は小河を処罰するだけで事件を落着させようとは考えていなかった。

それは福岡藩の高官たちも肌で感じていたが、幕末に尊攘派を壊滅させたこともあり、藩内には新政府に対する有力な人脈がなかった。そこで大参事の矢野安雄は、父・梅庵（ばいあん）を鹿児島へ送って西郷隆盛（さいごうたかもり）に泣きついたのである。西郷はこの時期、政府から離れ、薩摩藩の藩政改革に力を入れていた。

西郷はその依頼を受け入れ、小倉までやってきて、弾正台の渡辺昇や岸良兼養（きしらかねやす）（薩摩藩出身）から事情を聞き、さらに同地で福岡藩側と対策を協議した。

かつての恩で西郷が動く

このとき前藩主・黒田長溥は病に伏していたが、藩の一大事ということで、みずから小倉近くの黒崎まで出向き、西郷に直接会ってとりなしを依頼している。このとき西郷は感泣し、福岡藩のために尽力することを長溥に約束した。長溥は西郷に上京の周旋を希望したが、この時期、盛んに西郷は大久保や岩倉などから上洛を求められており、もし東京へ行けば新政府に仕えざるを得なくなることを懸念し、これについては固辞した。ただ、弾正台の岸良に自分の思いを詳しく語り、大久保へ伝言してくれるよう頼んだ。同時に大久保宛の一書をしたため、福岡藩の重臣に渡した。

西郷が迅速に動いたのは、かつて受けた長溥の恩に報いるためであった。

これより二十数年前、薩摩藩主・島津斉興は、世嗣の斉彬ではなく、寵愛する側室・お由羅との間に生まれた久光を自分の跡継ぎにしたいと考えた。このため薩摩藩内で斉彬派と久光派の対立が激しくなり、嘉永三年（一八五〇）、にわかに藩主・斉興は斉彬派を大弾圧したのである。この事件をお由羅騒動というが、このとき斉彬派の家臣の一部が福岡藩へ逃げ込み、長溥に助けを求めたのだ。長溥にとって島津斉興は甥、斉彬は甥の子にあたるが、長溥は斉彬のほうに味方し、老中・阿部正弘に働きかけて斉興を隠居させ、斉彬の藩主就任を実現させた。斉彬に見出された西郷ゆえ、このときの長溥の行為に報いるべく、ひと肌脱ぐことにしたというわけだ。

『大久保利通文書　第三』に載る明治三年八月三日付の西郷の大久保利通宛の書簡を紹介しよう。

西郷は、「福岡藩贋札一条」で「藩中は悉ク恐懼」していると述べたあと、「美濃守

（黒田長溥）様には格別之御鴻恩を戴居候事にて死を以可尽我々共に御座候得は此急難をよそにいたし候訳には不参」と、自分は死をもっても長溥の厚恩に報いたいと明言する。そのうえで権大参事の小河愛四郎が自訴したわけだから、「何卒此人迄にて相止候様乍此上君公迄醜辱を蒙らせ候ては頓と是限りの事御座候」と、藩主・長知や前藩主・長溥にまで罪を着せるようなことはしないでもらいたいと願っている。もちろん、これだけの大事件なので西郷も「必一人魁首と成候」者は必要だといいながら、拘留している事件関係者を東京へ「御引廻相成候様にては頓と醜辱を極め」るので、藩内で処置できるようとりはからってほしいと頼んでいる。さらに、福岡城内で贋札がつくられたので、長溥や長知が知っているのではないかと疑う向きもあるようだが、城内は広いので決してご存じはないはず。「何卒御救ひ被下度奉合掌候」と重ねて配慮を申し入れたのである。

また、政府の高官になっていた福岡藩士の早川勇（奈良県の判事）も政府高官に対して必死の周旋を始めた。福岡藩士一同も「哀訴状」を新政府に提出し、「長知はまったくもって贋金づくりを知らず、すべては奸吏の仕業であるので、憐憫をもって寛大な処置を」と哀願した。

ついに新政府から処分がくだる

大久保利通は西郷の哀願によって、厳罰に処すという考えが多少和らいだようだ。とはいえ、大久保が政府の実権を握るのは三年後のこと。この時点では大久保一人の判断で福岡藩の贋札事件を自由に処理することはできなかった。

とくに木戸孝允は、八月二十一日の日記に「筑前より薩州へ依頼し西郷吉之助、筑に至り周旋して救助するの説あり」と記したあと、もしこれが事実なら朝廷の権威は立たず、「皇国前途の維持」も不可能になるので、これが事実でないことを祈ると記し、西郷のとりなしに強い不快感を示している。情実によって綱紀が乱れることを危惧したのだ。だから木戸は、その後も一貫して福岡藩には厳しい態度で臨んだ。政府の実力者である三条実美や岩倉具視も福岡藩には冷淡だった。

西郷の願いもむなしく、翌明治四年（一八七一）三月頃、政府は豊浦藩（現在の山口県下関市）に預けていた福岡藩の小河ら贋札事件関係者らを東京へ連行して取り調べた。また、立花や矢野など大参事も上京させた。

岩倉の三条宛書簡を見ると、すでに同年四月の段階で福岡藩の贋札事件に対する処罰方針は決まっていたことがわかる。手紙には、「知藩事（藩主）の黒田長知が上京したら、ただちにその職を免じること。大参事など藩首脳部も処罰すること。藩士らの禄はそのままにすること。有栖川宮熾仁親王を新たな福岡藩の知藩事に任じること」などが記されている。

同四月、ついに知藩事の黒田長知が東京に召喚されることになった。まさか主君にまで累が及ぶとは考えていなかった藩士たちは騒然となり、なかには出立を阻止しようと考える者たちもいた。動揺を抑えるべく、長知は家中に親書をくだし「浮説流言等ニ迷ひ、人心動揺を醸」（川添昭二他校訂『新訂 黒田家譜 第六巻下』文献出版）すことがあってはならないと諌め、家中の慰撫につとめた。そして、翌五月四日に東京へと旅立ったのである。

一方、なかなか上京してこない長知にいらだったのか、三条実美は岩倉に対し「福岡知事之上京を空しく相待候ては機会を失、不都合ニも存候」（『大久保利通文書 第四』日本史籍協会）と述べ、処分をすみやかに公表すべきだと述べている。

対して岩倉は、「催促すれば来月十日、十五日までに長知はやってくるだろうし、この件で大久保も奔走しているので、もう少し待ってみよう」と返信している。

三条は幕末の一時期、福岡藩の管轄する太宰府天満宮に住していたが、このおり藩主の長溥らが五卿の面倒を見ていた尊攘派を大弾圧したので、福岡藩にはよい印象を抱いていなかった。それが厳罰の要因の一つになったのかもしれない。

なお、国元福岡では、長知の留守中にいきなり佐賀藩兵（約八百人）が福岡藩領に入り込んできた。政府の命令であった。彼らは博多や福岡城下の寺院に分営したが、他藩によって城下を制圧されるというのは、立藩以来初めてのことで、福岡藩士のみならず領民にとっても屈辱的な仕打ちであった。

さらにである。七月二日に出た政府の処分は、人々を驚愕させる内容であった。処罰は自訴した権大参事・小河愛四郎にとどまらなかったのである。その上司である大参事・立花増美、矢野安雄にも及んだ。しかも、小参事の徳永織人と司計局判事の三隈伝八を合わせ、この五名は最も厳しい斬罪とされたのだった。このほか遠島や禁錮など重罪が四十人以上にのぼり、さらに五十人近くが懲役や罰金などを科せられた。さらに衝撃的だったのは、知藩事の黒田長知も事件の責任を問われ、免官になったのである。

版籍奉還で生まれた知藩事という職は、政府の役人というのが建前であったものの、すべての旧大名が任じられていた職であった。しかも以前と同様、知藩事は藩の象徴でありトップだった。つまり、長知が官職を免じられるということはすなわち、藩主でなくなることを意味し、見方を変えれば黒田家は改易になったといえる。

当然、藩士たちは騒然となるはず。それを未然に押さえ込むため、前もって佐賀藩兵が入り込んできたというわけだ。さらに、贋札事件の罪状が発表された八日後の七月十日、早くも博多湾に新知事を乗せた政府の軍鑑が入港した。その知事とは、先述のとおり、有栖川宮熾仁親王であった。宮様を配置することで、福岡藩士や領民の反発を少しでも抑えようとしたのだろう。

翌十一日、有栖川宮は福岡藩庁へ入り、藩兵の解散を命じた。このおり、福岡で病気療養中だった前藩主（老公）・黒田長溥は、主だった家臣たちを招いて「もし不心得者がいて粗暴不敬の行動をとれば、当家の存亡にかかわる。お前たちは当家二百七十年あまりの恩義を思い、くれぐれも思慮深く謹慎し、朝廷の命を待ってほしい」と強く恭順（きょうじゅん）を説いた。それから三日後に廃藩置県が断行されたこともあり、福岡では幸い藩士たちによる暴発は起こらなかった。

有栖川宮熾仁親王。14代将軍・家茂に降嫁した和宮の元婚約者として有名。維新後は陸軍軍人として明治天皇を支えた

東京へ移住し、新政府と蜜月に

政府は黒田家に対して東京移住を命じた。そこで十八日、長溥はまず家族

を連れて福岡城から出て大工町の別邸に移った。大工町にいる間は、八千名あまりの家臣たちが入れ替わり立ち替わり長溥のもとを訪れた。長溥はできるかぎり彼らに対面し、酒肴を与えたと伝えられる。

そして八月二十三日、いよいよ長溥ら黒田一家は船で福岡から去ることになる。前日の夜からは「数多の衆庶は海浜に来り集り、翌日の御発船を待あかせし八万を以て数え、さしも浩漠たる海浜えハ錐を立つへき場もなかりしなり」（『黒田家譜　第六巻下』）という状態になり、当日、船が岸から離れると、「数万の衆庶ハ、海浜に埋伏して頭をも上け得す、涙に咽ひて御見立をなしたりける」（『前掲書』）と二百七十年以上、領主としてこの地を統治してきた黒田家との別れを嘆いたのである。

先述した富商の加瀬元将は、他藩も贋金をつくっているにもかかわらず、「蜜計を以其災害を相免れ」、「唯々筑藩惣名代之人身御供と申物ニ而御恥辱無限」、「残懐千万、無是非次第ニ立至慷慨嘆息」と忸怩たる思いを吐露しているが、まったくそのとおりであって、明らかに福岡藩は明治政府によって贋金づくり防止のための生け贄に供されたのである。

さて、それからの黒田家である。

知藩事を免職になってわずか四ヵ月後、黒田長知は洋上にいた。なんと岩倉使節団の一員に加わっていたのである。すでに三十代になっていた長知だが、強く留学をすすめたのは、養父の長溥であった。

冒頭で述べたように、開国前から蘭学に親しんでいた長溥は、積極的に西洋の技術や文化を導入しようとつとめており、多くの藩士たちを長崎に遊学させていた。さらに慶応三年（一八六七）には、オランダやアメリカなどに何人もの若者を留学生として派遣している。今回、長知の随行者に選ばれたのは、金子堅太郎と団琢磨であった。

両人とも日本史の教科書に載る歴史的人物である。金子は、長知とともにハーバード大学で学び、帰国後、伊藤博文の抜擢を受けて憲法草案の作成にあたり、のちに農商務大臣や司法大臣を務め、日露戦争では学友のルーズベルト大統領に働きかけて講和の仲介を実現させた。

団琢磨は、マサチューセッツ工科大学を卒業し、東京大学理学部助教授を経て工部省に入り、鉱山

黒田長政が築き、舞鶴城の別名をもつ福岡城。現在、城跡は舞鶴公園と大濠公園となっている

技師として活躍。のちに三井に入って三井鉱山の会長となり、さらに三井財閥のトップに成り上がっている。

当初、長知の随行者には、アメリカへの留学経験がある平賀義質(ひらがよしただ)ら側近たちが選ばれたが、これを知った長溥は、「側近ではなく、実力のある若者を随行させろ」と人選の再考を命じ、結果、十九歳の金子と十四歳の団琢磨が選ばれたのだった。もしこのとき長溥が選び直しを指示しなければ、金子と団の運命だけではなく、日本の歴史も変わっていたかもしれない。

さらに長溥は、孫の長成(ながしげ)（長知の次男）の教育方針にも関与している。明治十二年か

司法の分野だけでなく、外交でも卓越した力を発揮した金子堅太郎

三井財閥の総帥として日本経済を牽引した団琢磨。75歳で暗殺される

ら開明的な福沢諭吉の慶應義塾幼稚舎で学ばせたのである。小川原正道氏（「黒田侯爵家と地域社会―育英事業をめぐって」慶應義塾大学法学研究会編『法学研究　第九十一巻・第五号』所収）によれば、長成は慶應義塾の特別寄宿舎に入って英才教育を受け、月に一、二度、諭吉がみずから長溥に長成の成績を報告していたという。翌年になると、長溥は邸内に学問所をつくり、金子堅太郎に長成の英語教育をゆだねた。さらに金子の提案によって大学予備門に入学させ、そのまま東京大学に進学させずに、ケンブリッジ大学に入学させたのだった。

　この逸話からわかるとおり、黒田長溥は教育や人材育成に非常に熱心で、その後半生も教育に力を注いだ。たとえば明治六年（一八七三）には東京府に米二千石を寄付し、それをもとに小石川小日向町に小学校がつくられた。長溥が財を提供したので、「黒田尋常小学校」と命名された。学校は昭和時代まであったが、太平洋戦争の空襲で昭和二十年（一九四五）に校舎が全焼し、翌年、廃校となった。卒業生には永井荷風や黒澤明がいる。

　上京後、長溥は赤坂福吉町に邸宅をかまえた。贋札事件で肩身の狭い思いをしていた黒田家だが、明治八年（一八七五）、転機が訪れる。一月三十一日、明治天皇が黒田邸に臨幸されたのである。長溥は大いに喜び、丁重に奉迎し、天皇に茶菓を奉じ、余興として溜池での網猟を天覧に供した。このおり明治天皇は邸内に飾られていた陳王庶の百蟹百蝦の書画に興味をもたれたので、これを献納した。

二日後の二月二日、先日の礼として天皇は御所に長溥を招き、紅白絹各二匹を与えると伝えた。このとき長溥は、「黒田家未曾有の光栄であり、ぜひ祖廟にお祀りしたい」と福岡への帰国を願ったのである。

さらに二月二十一日、明治天皇が邸宅に臨幸されたことを祝い、三条実美、岩倉具視、大久保利通ら政府首脳を自宅に招いて祝宴を開いた。このさい、余興として海軍楽隊を招いて演奏させた。楽隊は明治四年に創設されたばかりで、鉄道開通式では活躍したが、こうした席での演奏は初めてだったようだが、これを機に宴席での演奏が広まっていったという。さすが西洋好きの長溥らしいもてなしだ。

いずれにせよ、明治八年は黒田家にとって明治政府との和解の年であったといえよう。

なお、天皇に奏請した帰国も許可されることになった。じつは二年前、筑前で大規模な一揆が起こり、このおり長溥は帰国して鎮撫にあたりたいと政府に申し入れたが、警戒されたのか、許可されなかった。

ともあれ、明治八年三月十四日、長溥は四年ぶりに故郷の地を踏んだ。そして藩祖・黒田長政を祀る光雲神社に参拝し、天皇から下賜された紅白絹を捧げた。このおり長溥は、「謹て福岡県人に告く」と題した告諭を発した。

そこには、「今年一月に天皇や諸大臣が赤坂の屋敷に臨幸してくれたこと、天皇から紅白絹を下賜されたことを伝え、これも福岡県人が朝旨を遵奉してくれているおかげであると感謝し、県人に紅白絹を裂いて祝酒料とともに頒布する」とある。新政府から名実ともに許されたということを旧藩士や領民に伝えたかったのだろう。そして最後に「朝旨に称ふことあらハ、予の喜孰れか是より大ならんや。予や老たり。県人幸に予か身後の恥を遺すこと勿れ」と締めている。

黒田官兵衛（如水）と息子・長政を祀る光雲神社

政府は長溥の邸宅での粋な接待ぶりを評価したようで、翌年になると、イタリアやドイツの王族たちの接待を任されている。長溥は、同年には政府に積極的に献金をおこない、華族たちに対しても献金の呼びかけをおこなっている。だが、こうした蜜月状態は、翌明治十年（一八七七）に破られてしまう。西南戦争が勃発したのである。

西南戦争で福岡でも反乱が

同年二月、西郷隆盛を首領とする鹿児島県士族らが反乱を起こし、熊本城を強襲した。これを知ると、旧福岡藩士たちが大きく動揺した。藩士たちの多くは西郷に恩義を感じていたうえ、福岡藩をスケープゴートにした新政府に対し、密かな敵意をもっていた。

黒田家としても国元の状況はよく理解しており、黒田長知は乱が勃発するとすぐに旧藩士たちを慰撫すべく東京を出立し、二月十五日には博多入りしていた。一方、長溥は六十七歳の老骨に鞭打ち、京都にいた明治天皇のもとに参内（さんだい）し、同行していた三条実美に対し、「自分の生まれ故郷である鹿児島へ行き、親族の島津久光と面会したい」と申し入れたのである。久光は西郷と険悪な仲であったが、鹿児島では絶大な力をもっていたので、政府のなかには「西郷に同調するのではないか」と危惧する声もあった。そんなこともあって政府は、長溥の申し出を受け入れ、勅使（ちょくし）の柳原前光（やなぎわらさきみつ）とともに鹿児島へ派遣することに決めた。その途上、長溥は福岡に立ち寄り、主だった士族たちに対し、「一人たりとも今回の乱に与し、方向を誤ってはならぬ」と手書を渡し、軽挙妄動を強くいましめた。

　だが、長知と長溥の努力は無駄に終わった。それから一月も立たない三月下旬、武部小四郎や越智彦四郎が率いる旧福岡士族約五百名が挙兵し、新政府軍が駐屯する福岡城や福岡県庁、さらには警察署への攻撃を開始したのである（福岡の変）。結局、福岡の反乱軍は百名以上の死者を出して新政府軍に鎮圧されて終わった。反乱軍のリーダーは、幕末に長溥が弾圧した尊攘派の関係者が多かった。戦後、長溥は六千円という大金を福岡県に贈り、福岡の変で被害にあった人々の援助を願っている。

　幸い、明治天皇の覚えはめでたく、長溥はこのたびの働きで正四位に叙され、翌年三月には宮中晩餐会で天皇から御酌を賜り、同年六月には従三位に昇進している。だが、一方で福岡出身の人々は政府に警戒され、なかなか役人になることができなかった。そうのちに金子堅太郎が回想している。

　なお、福岡の変によって長溥と国元との関係が途切れたわけではなかった。とくに長溥は、福岡県の教育の発展に力を尽くした。藩校の「修猷館」は廃藩置県のさいに廃止されたが、学制の発布により第三十二番中学修猷館として生まれ変わった。ただその後、すぐに廃止され、跡地は教員伝習所となり、やがて福岡師範学校となり、その付属として福岡県立福岡中学校が設置された。

ただ、この頃から教育予算が削られ、多くの学校が廃止されてしまう。そこで長溥が支援して旧福岡藩士が経営する私学「藤雲館」が設立され、法律や英学、数学などが教授されるようになった。

明治十八年（一八八五）に藤雲館は廃止されたが、校舎は新たに設立された県立の英語専修修猷館に買い取られた。この学校は、県立といいながらも四万五千円という黒田家の補助金をうけてつくられたものであり、その名のとおり藩校「修猷館」の再興ともいうべきものであった。教育課程も長溥の意志が強く反映され、三年制で英語に特化した珍しい学校だった。

長溥は開校式の祝辞において「教科ノ如キモ専ラニ普通ノ英学ヲ教授シ、士農工商ヲ問ハス、一般人民ニ適切ナルモノヲ修習セシメ、以テ筑前四民ノ知識ヲ発達シ、国家解明ノ基本ヲ立シメント欲ス」（「黒田侯爵家と地域社会—育英事業をめぐって」）と述べており、開明的な長溥が身分を超えて福岡県を近代化させようとしていたことがよくわかる。

また、長溥は東京で学ぶ福岡県民のために牛込築土八幡町に「筑前寄宿舎」をつくり、優秀な学生には学費を貸与したという。

明治二十年（一八八七）二月、肺炎にかかった長溥は翌月、七十七歳の生涯を閉じた。

◉参考文献

板倉勝静

渋沢栄一著『徳川慶喜公伝　4』東洋文庫

高梁市史編纂委員会編『高梁市史』高梁市

田村栄太郎著『板倉伊賀守』三元社

島津久光

島津公爵家編輯所編『島津久光公実記　巻六〜巻八』島津公爵家編輯所

相馬誠胤

岡田靖雄著『相馬事件―明治の世をゆるがした精神病問題　その実相と影響』六花出版

錦織剛清著『神も仏もなき闇の世の中』春陽堂

稲田邦植

洲本市史編さん委員会編『洲本市史』洲本市

芝木秀哉著「関寛斎　御容体心覚」『日本医史学雑誌 第48巻第1号』所収

有馬頼咸

久留米市史編さん委員会編『久留米市史 第三巻』久留米市
浅野陽吉著『十志士の面影―久留米藩文化事業史』筑後郷土研究会
林洋海著『久留米藩』現代書館
内田伸著『大楽源太郎』マツノ書店

伊達邦成

伊達市史編纂委員会編『伊達市史』伊達市
北海道総務部文書課編『開拓につくした人びと 第二巻　北海道の夜明け』理論社
榎本守恵著『侍たちの北海道開拓』北海道新聞社
岡崎官次郎編『北海道人物誌 第一編』北海道人物誌編纂所

黒田長溥

福岡市史編集委員会『新修 福岡市史　資料編　近現代①　維新見聞記』福岡市
妻木忠太編『木戸孝允日記 第一』日本史籍協会
『大久保利通文書 第三』日本史籍協会
川添昭二・福岡古文書を読む会校訂『新訂 黒田家譜　第六巻下』文献出版

大塚武松編『岩倉具視関係文書 第五』日本史籍協会
小川原正道著「黒田侯爵家と地域社会—育英事業をめぐって」慶應義塾大学法学研究会編『法学研究 第九十一巻・第五号』所収

●河合 敦（かわい・あつし）
歴史研究家、歴史作家、多摩大学客員教授、早稲田大学非常勤講師。一九六五年、東京都生まれ。青山学院大学文学部史学科卒業。早稲田大学大学院博士課程単位取得満期退学。歴史書籍の執筆、監修のほか、講演やテレビ出演も精力的にこなす。『教科書に載せたい日本史、載らない日本史』『殿様は「明治」をどう生きたのか』シリーズ（小社刊）、『江戸500藩全解剖 関ヶ原の戦いから徳川幕府、そして廃藩置県まで』(朝日新書)、『徳川家康と9つの危機』(PHP新書)など著書多数。初の小説『窮鼠の一矢』（新泉社）を二〇一七年に上梓。

殿様を襲った「明治」の大事件

発行日　2023年1月10日　初版第1刷発行

著　者　河合 敦

発行者　小池英彦
発行所　株式会社 扶桑社

〒105-8070
東京都港区芝浦1-1-1　浜松町ビルディング
電話　03-6368-8870(編集)
　　　03-6368-8891(郵便室)
www.fusosha.co.jp

印刷・製本　図書印刷株式会社

ISBN 978-4-594-09371-6